消費者金融ずるずる日記

当年59歳、「ご利用は計画的に」お願いします

加原井末路

まえがき――「旦那さんのお仕事は？」

「職業は？」と聞かれた際、私は「会社員です」と答えることにしている。ただ、「どんな会社？」などと深く突っ込んでくるデリカシーのない人もいる。私は消費者金融という職業に負い目を持っているわけではないが、それでもなんと答えようか一瞬迷うこともある。

妻も例外ではないようで、隣近所や親戚には私が消費者金融に勤めているとは言っていないらしい。では、なんと言っているか？

「カード会社」である。たしかにカード*は発行しているので、あながち間違いともいえないが、一般的にカード会社と聞いて消費者金融を思い浮かべる人はいない。JCBとかVISAとかMasterをイメージするのがふつうだろう。

私はそれでも構わない。人は誰しも見栄っ張りで、口がすべっても「サラ金社員」などとは言えないのだ。ちなみに地元の信用金庫に勤めている、私のいとこ

カード
1970年にマルイト（現在のアコム）が現金自動貸付機を導入し、1980年代には他社も次々に参入した。取引のあるお客にカードが発行され、融資限度額内であれば、機械で現金を借りられる。2000年代に入ると銀行や信用金庫やゆうちょ銀行のATMでも利用できるようになった。

は「銀行員」と名乗っているし、私の学生時代の旧友は新聞配達店に勤めているが、婚活パーティーでは「報道関係」と名乗るそうだ。人は何かにつけて見栄を張らないと生きられないのかもしれない。

ただ、妻が私の仕事を隠そうとも、私はこの仕事で家族3人を養ってきた。それにこの仕事の条件は悪くない。土日祝日は基本的に休みだし、残業手当もしっかりと出る。たまに休日出勤をすれば、割のいい休日出勤手当もきちんと出る。ボーナスを含めて年収600万円*ちょい。無事に住宅ローンも組むことができた。

プラス面の一方、それと同等、いやそれ以上のマイナス面も覚悟しなければならない。そもそも世の中のイメージは「消費者金融＝悪」だ。ドラマや映画では、貧乏人を食い物にする高利貸しとして描かれる。

返済が滞ったお客に罵倒されたことも数えきれない。

「あんたら、高い利息取りすぎだよ！　俺たちの利息でいい暮らししやがって、ふざけんじゃねえ。そんな商売してたら、地獄に落ちるぞ！」

私は無理やりあなたに貸し付けたわけではない。借りるときはその高利でいいから貸してほしいと泣きついたのではないか。銀行も貸してくれずに困り果てた

年収600万円
私が入社した1990年代中盤、消費者金融業界は絶好調の時代だった。入社1年目で年収600万円、その後、もっとも多いときで年収800万円近くまで上昇した。

あなたに、免許証一つで即日お金を貸したあの日、「助かりました」と喜んでいたではないか……。

人間の三大欲求は「睡眠欲・食欲・性欲」とされる。そして、人間の欲求には際限がない。食欲でも、ただ腹一杯になればいいわけではなく、「もっとうまいものを食べたい、もっと高級なものを食べたい」となる。さらに不幸なことに、人間には「承認欲求」という面倒なものもついてくる。まわりから尊重されたい、カッコつけたい、すごいと思われたい……。その欲求を手っ取り早く満たしてくれるのが金である。人間は永遠に、果てのない欲求社会で生きていく。欲求に歯止めがかからなくなった人びとが訪れる最終地点が消費者金融なのかもしれない。

１９９０年代の半ば、30歳のときに足を踏み入れ、50歳で退職するまでの20年を私はこの業界ですごし、お金にまつわる悲喜こもごもを目撃した。そして、私が在籍した期間は、消費者金融業界が栄華を極めてから、２０１０年の法改正施行*を経て、没落していく年月でもあった。

人に金を貸す仕事をしていた私も、人から借りた金にがんじがらめにされ、立ち行かなくなるまでを経験した。本書にはそんなことも包み隠さず書いた。本書

２０１０年の法改正施行　２００６年1月、最高裁で「グレーゾーン金利」を無効とする判決が下されたことなどを受け、同年12月に貸金業法の改正案が国会を通過。以降、段階的に施行され、２０１０年6月18日に完全施行。

にあるのはすべて私の実体験*である。
可笑しくて、やがて哀しき消費者金融マンの仕事と人生を、とくとご覧いただくことにしよう。

私の実体験
エピソードはすべて私の実体験であるが、消費者金融業者の内実は各社ごとに事情の違う点があり、また当時と現在で変化した部分があること、多少の記憶違いがあることはご了承いただきたい。なお、エピソードに登場する人物名はすべて仮名であり、登場人物の特定を避けるため、一部脚色・改変している部分がある。

消費者金融ずるずる日記●もくじ

第2章 貸した私が悪いのか？

第3章 可笑しくて、やがて哀しき…

第4章 お金に教えられたこと

装幀◉原田恵都子（ハラダ＋ハラダ）
イラスト◉伊波二郎
本文校正◉円水社
本文組版◉閏月社

第1章 サラ金業、始めました

某月某日　きちんとした会社：どうして私はサラ金に？

1990年代半ば、バブル経済が崩壊したあと、ゆるい審査とスピード融資を武器に、消費者金融業界は勢いを増していた。当時アルバイトで生計を立てていた私に、中学時代の先輩から電話がかかってきた。

「おう、久しぶり。俺は今、T県でデックの支店長をやってんだけど、人手が足りないからどうだ？　おまえもそろそろきちんとした会社に入ったほうがいいだろ」

デックという社名にはなんとなく聞き覚えがあり、それが中堅の消費者金融業者だということはわかった。とはいえ、私はそれまで消費者金融で金を借りたことはなく、*「サラ金＝血も涙もない取り立て」といった世間一般のイメージを持っていたにすぎない。心の中で「『きちんとした会社』ってサラ金じゃねえかよ……」と思いながら私が何も答えずにいると、先輩はたたみかける。

消費者金融で金を借りたことはなく　クレジットカードは持っており、ショッピング

「今、消費者金融は景気いいぞ。給料だって悪くないし、みんな頭を下げて金を借りに来るんだから、ふつうの営業みたいなストレスもない。とにかく話だけでも聞きに来いよ。U市の支店長と、T県を統括する課長にも話をつけておくからさ」

　このとき、私は30歳。つき合っていた彼女と結婚を考えていた時期でもあり、「きちんとした」仕事に就きたいと考えていたタイミングだった。彼女に相談すると、「うん、いい話じゃん。せっかくだから、そこに行きなよ！」と背中を押され、先輩に折り返しの電話を入れた。

「とりあえず、話だけでも聞いてみようと思います」

　面接場所はT県U市にあるデックU支店、面接官はT県全体を統括するという鬼塚課長だった。定刻の10分前に支店に行くと面接室に通され、定刻ぴったりに鬼塚課長が入室してきた。目をギョロギョロさせ、ダボダボのスーツを着た、Vシネマに出てきそうないかにも金融屋風情《ふぜい》である。見た目とは裏腹に声は高く、口調は軽快だった。

には使っていたものの、キャッシング枠を利用したことはなかった。周囲にも消費者金融を使っている人はおらず、私にとっては別世界の話だった。

「チミかぁ〜、原田君の後輩ってのは。面接っつっても、そんな固いものじゃないからね。とにかく今、この業界は人手が足りない状況だから」

私が「未経験でも大丈夫でしょうか?」と尋ねると、

「だいたいみんな未経験で入ってくっから。覚えちゃえば楽な仕事だよ。仕事は回収。要は借金の取り立て。で、慣れてきたら『おまとめローン』*って、不動産担保ローンの営業。大丈夫、俺でもできてんだから」

漫談のような口調でひと通り説明を終えると、急に真顔になり、ギロッと私を見据える。「ところで、チミ、借金とかある?」

「いえ、ありません」と答えると、「なら、信用情報照会させてもらっていい?」と真顔で言ったかと思うと、突然笑い出し、

「ガハハハッ! ウソ、ウソ。今はそんな簡単に信用情報なんか照会できないんだ。まぁ、この仕事やるのに借金だらけじゃ、問題だけどなぁ。ちなみに俺は丸井のキャッシングを払ってなくて丸井に追われてる」

「丸井ですか?」と私が聞くと、

「ガハハハッ! これはホント。昨日、督促の電話来たから、この面接終わった

おまとめローン
複数の借入れがある債務者のローンを一本化(おまとめ)するローン商品。債務者にとっては、金利が低くなり、月々の返済金額が軽減されるメリットがあるかわりに、不動産を担保に取られるデメリットも。1990年代、アイフルは「おまとめローン」により急成長する。当時、デックも「おまとめローン」に力を入れていた。

ら払いに行かなくっちゃ」

当時、「信用情報」という言葉すら知らない私にとって、鬼塚課長の冗談はなんのことだかよくわからなかったのだが、とりあえず採用と相成った。こんな面接一度きりで採用されるのだから、本当に人手不足なのだろう。嫌になったら、辞めてしまえばいい。私はそんなことを考えていたのだった。

某月某日　督促部屋：サラ金ビルの一室で

「チミにはまず回収をやってもらうからね。回収っつうのは、つまり借金の取り立てだ」

鬼塚課長の説明によると、新入社員はまず回収業務をまかされるのだという。

私が配属されたデックU支店は駅前の繁華街に位置し、1階から6階まですべて消費者金融業者が入っている「サラ金ビル」*に居を構える。デックは2、3階を使っていて、2階がお客の出入りする貸付部門のフロアで、上の3階が回収な

サラ金ビル
このビルには各社の看板が掲げられていた。デックは流通大手D社グループに所属していたこともあり、オレンジ色の看板が目印。アイフルが赤、武富士がプロミスが黄、武富士が青という具合に、競合各

どの業務を行なうフロアになっていた。足を踏み入れるとモワッとしたタバコ臭に襲われる3階フロアで鬼塚課長からひと通りの説明を受ける。

「それじゃ、とりあえずこのパソコンでリストを開いてもらって、電話していってくれるかな」

パソコン画面に延滞者リストを表示する。リストは「（返済日から）1カ月未満の延滞者」「1カ月以上2カ月未満の延滞者」「2カ月以上3カ月未満」「3カ月以上4カ月未満」……と区分けされていて、ワンクリックで画面が切り替わる仕様になっている。半年以上の延滞者は「貸し倒れ予備軍」という扱いになり、本社*の管轄に移されるのだという。

このリストをもとに、上から順番に電話をかけて支払いを促していくのだ。

そうこうしているうちに、フロアのあちこちからは男性社員たちの怒号が聞こえてくる。

「いつ払うんだよ！　おまえ、ウソばっかついてんじゃねーよ！」

「いい加減にしろよ！　何回言ったらわかるんだ。次は必ず約束守れよ！」

「どうやってカネ用意するんだよ？　今ここで、具体的にどうするか言ってもら

社が看板の色ですみ分けをしていたのだ。

本社
デックは大阪に本社を構え、関西地方を中心として、全国に100店舗を超える支店を展開していた。

うぞ！」

受話器を持った社員のある者はくわえタバコで、ある者はデスクに足を放り出し、またある者はデスクに雑誌を広げながら電話をしている。

新入社員たるもの、一般企業に入れば〝お客さま〟に対しての接客術や失礼のない電話応対など、基本的なビジネスマナーを学び、仕事の中で〝お客さま〟との信頼関係の構築を身につけていくのがふつうだろう。しかし、ここで行なわれているのは、その真逆だ。私が想像していた「きちんとした会社」とはまったく違う。消費者金融といえど、一応は「金融機関」だと思って入社した私は、この品のない世界に驚愕した。

だが、それと同時に「お客に対してこれだけ言いたい放題*できるなら、そんな難しい仕事でもなさそうだな」という、ちょっとしたワクワク感もあった。というのも、くわしくは後述するが、私はそれまで水商売の世界で人間の嫌な部分もさんざん目にしてきた。大学を出たての新入社員なら腰がひけてしまう「督促部屋」の光景にも多少は耐性があったといえる。

「よっしゃ、やってやるか」と気合を入れ直して、1件目の電話に取りかかる。

これだけ言いたい放題　貸金業法では「取立て行為の規制」が定められている。本来は「督促の電話は1日2回まで」「朝8時〜夜9時まで」「威迫の禁止」といった規制があるわけだが、このときの私はなんの研修もないまま現場に放り込まれた。「やっていいこと」「やってはいけないこと」は現場で覚えていくしかなかった。しかもデックでの「やっていいこと」の中にはたくさんの法律違反があることに気づくのは入社してしばらくしてからである。

「デックの加原井と申します。田辺さん、支払い遅れてますよね」

新人だということがバレて、なめられてはいけないと、あえて声を落として重々しさを演出する。

「ああ、ごめんごめん。忘れてた。今週中に払うから」

「はい、よろしくお願いしますね」

あっさりと終わった。さて、次だ。

「デックの加原井ですが、堀内さん、支払い遅れていますね」

「あ～、そうだっけ。明日払えばいいかな？」

「はい、明日お願いします」

なんだ、拍子抜けするくらい簡単じゃないか。こんな簡単な仕事なら一日中やっていられるぞ。こうしてスムーズに件数をこなしていると、隣の席の先輩・竹原さんから声がかかった。

「あのね～、加原井君、ちゃんと画面のコメントと履歴見ながら電話してる？さっきの債務者、あいつは約束不履行《ふりこう》の常連だよ」

「今週中に払うって約束してくれましたけど」

いつまでに
支払いの遅れているお客に架電する際には、必ず「いつ支払えるのか？」という約束の期日を設定する。多くのお客は1秒でも早く電話を切りたい心理から、当てがなくても「×日までに入金し

「あのね～、『すぐ払う』って言って、絶対払わないんだよ。前回もそう言ってるんだから、簡単に引き下がっちゃダメ」

竹原さんは机に置かれた1リットル紙パックのマミーをぐびぐびと飲んで続ける。

「画面のコメントを見ながら、前回の約束が守られていなかったら、そこを詰めないと。あんなあっさりした督促じゃ、債務者はなめてかかって、絶対に払わないから」

なるほど。さっきからスムーズにいっていると思っていたのは、電話のやりとりだけで、実際に支払うかどうかは別問題なのだ。

たしかに竹原さんの電話を聞いてみると、キレがあり、迫力もある。そして、「いつまでに*」「どうやって金を用意するのか」を確認し、支払いを念押ししている。これがプロの督促だ。

朝10時すぎにスタートした督促電話は、1時間の昼休みをはさんで、夜7時すぎ*まで続いた。一日中、督促の電話をしていると、業務に慣れるのは意外と早く、夕方になると、周りの電話に耳を傾ける余裕も出てきた。

ます」と約束してくれる。しかし、相手が延滞常連者となると、こんなその場しのぎの回答に「はい、わかりました」というわけにはいかない。そういうお客にはさらに突っ込んだことを確認することになる。

夜7時すぎ
貸金業法21条「取立て行為規制」は下記のとおり。「正当な理由がないのに、午後9時から午前8時までの時間帯に、債務者等に電話をかけ、若しくはファクシミリ装置を用いて送信し、又は債務者等の居宅を訪問すること」。逆にいえば、午前8時から午後9時までは電話をかけていいことになる。この日は初日だったため、7時すぎで終わりになったが、翌日以降は夜9時の規制時間ギリギリまで電話がけをすることになった。

ふと隣の竹原さんを見ると、電話相手とやりとりしながら、受話器を持つ手と唇がブルブルと震えている。朝から晩まで機械のように電話がけをしているが、ベテランの竹原さんでさえ相手とのやりとりの中で抑えられない感情が湧き出ることもあるのだ。そんな竹原さんになんとなく人間味を感じるのだった。

某月某日 **ワル自慢**：サラリーマン社会の縮図

初日の業務を終えたところで、竹原さんから号令がかかった。

「あのね～、今日はみんなで、加原井君の歓迎会をやろうかと思うんで、参加できる人はみんな来てね」

私の予定などいっさい聞かないまま一方的に開催を告げられ、戸惑ったものの、こうして歓迎の意を表してくれるのは嬉しいものだ。

先に居酒屋に向かった先輩たちのあとを追い、私より半年先に入社したという石松さんと一緒に会社を出る。2人で居酒屋に向かう途中、石松さんが言う。

「竹原さん、先輩風吹かせて鬱陶《うっとう》しいでしょう。でも、あまり気にしないほうがいいですよ。一番の古株で、みんなあの人には気を使ってるんですよ」

たしかに竹原さんに役職はなく、ヒラ社員なのだが、なんとなくこのフロアの責任者のような顔をしていた。まだ初日で、竹原さんに悪感情のなかった私は

「いや、いろいろと教わる立場なので」と当たりさわりのない対応をしておく。

「それとあの人、お酒が入ると、毎回昔の悪かった自慢が始まるけど、テキトーに聞いてあげてくださいね」

尖った督促とは裏腹に、竹原さんは色白で度の強いメガネをかけ、160センチ弱100キロ超という緊張感の欠片《かけら》もない体型、いわばオタクそのものの見た目である。電話だからいいものの、集金に行ったら債務者からなめられること間違いなし。*あの竹原さんが昔悪かったとは思えないのだが……。

駅前の居酒屋に入り、回収フロアの社員8名が参加しての歓迎会がスタートする。1時間ほどが経過すると、酒の入った竹原さんの声のトーンがあがる。

「あのね～、加原井君、俺、山形のころ、手ぇつけられないくらいワルかったのよ」

債務者からなめられること間違いなし
入社してしばらくしてからわかったのだが、実際に竹原さんは訪問しての回収の成績が極端に悪かった。債権回収においても「人は見た目が9割」なのかもしれない。

これが石松さんの言っていた「悪かった自慢」というやつか。

「中学んときは開校以来のワルって言われて、今思えば先生に迷惑かけっぱなしだったなあ。校舎の中を平気で暴走してたし」

スクールウォーズで見たことのあるようなエピソードを語り出す竹原さん。

「えっ、中学生でバイクですか？」と私が合いの手を入れると、

「あのね～、中学生はバイク乗れないでしょ。自転車！　ハンドルなんか〝鬼ハン〟つって鬼のツノみたいに曲げたやつ。そんでカゴにラジカセのっけて松田聖子の歌ガンガンにかけて爆走したもんだから、先生も困っちゃうわけ」

これは〝ワル〟といえるのかどうか。それにしても、道すがら陰口を叩いていた石松さんは、竹原さんの隣に座りお酌をしながら手を叩いて爆笑している。サラリーマンとして生きていくのはこういうことなのだろう。

居酒屋での歓迎会が終わったかと思うと、「二次会行くよ～！」と竹原さんが音頭を取って、男8名がぞろぞろとカラオケボックスへ移動。

竹原さんが横浜銀蝿の「ツッパリハイスクールロックンロール」をリクエストして熱唱し始めると、みんなが立ち上がり、竹原さんを囲んでツイストを踊り出

夜9時まで続く
当然、残業となる。回収フロアでは当たり前のようにみんな残業をしてい

す。「ほらっ、加原井さんも！」と石松さんに促され、私も見よう見真似でツイストを踊る。

「みんな乗ってきたねぇ〜！」と竹原さんが絶叫し、「もういっちょう！」と再び「ツッパリハイスクールロックンロール」をリクエスト。絶唱する竹原さんを取り囲んだ男7人がゼイゼイと息を切らせながら狂ったようにツイストを踊る。

たかだか数時間の飲み会で「サラリーマン社会の縮図」を見せられ、私も無事にその一員に加わった気がした。

某月某日　ストレス解消：債務者は客じゃない!?

督促電話は朝9時から夜9時まで続く。*

入社してみて意外だったのが、デックにはノルマは存在しないことだった。同業他社である武富士などは社員へのノルマ*の厳しさが伝えられていたころだったので、私もその覚悟は持っていたのだが、われわれ回収部隊にも明確なノルマの

たから、私もそれが通常業務となった。残業代は満額ついた。

武富士などは社員へのノルマ
武富士の異様な社風は一般にも知られていた。朝礼では、創業者である武井保雄の写真に向かって「おはようございます。今日も一日、よろしくお願いします」とあいさつし、退社時にも再び写真に向かって「今日も一日ありがとうございました」と唱和するとか、初任給や賞与などの際は武井氏へ感謝の手紙を書かなければならないといった報道がなされていた。また、好成績の社員には高額なボーナスが支給される一方、ノルマが達成できない社員は上司から罵詈雑言を浴びせられるとされ、こうした事実は一部のワイドショーなどでも報じられていた。

取り決めはなかった。もちろん、回収の実績が悪ければ、支店長に舌打ちされたり、詰められたりはするが、明確な数字の設定はなく、回収率に応じた給与のインセンティブもない。ただひたすらに電話をかけ続けるのだ。

電話に出なければ、かけ直す。留守電になれば、メッセージを吹き込む。電話に出れば、その場で支払ってくれるように要求する。これの繰り返しだ。これが朝から晩まで、多いときで1日数百件もの架電を行なう。

「返さないやつを罵倒すればいいのだから、楽な仕事だよね」と思うかもしれないが、取り立てが心身に堪《こた》える仕事だということはあまり知られていない。このつらさをどう表現すればいいだろうか。

たとえば、あなたが知人に頼み込まれて10万円を貸したと仮定しよう。知人は「来月中に絶対返すから」と約束した。だが、次の月になって、「あのお金、どうなった?」と聞くと、「今月は難しそう。来月には返すから」と言う。あなたはそれを信じて、さらに1カ月待った。翌月に電話してみると、「来月には返すから」と言う。また1カ月待った。金は返ってこない。さて、貸した10万円を返してもらうため、あなたなら次の電話で、友人になんと言うだろうか?

相手の反応もさまざまだ。＊返事もしない人、泣き出す人、わめく人、逆に怒り出す人、威嚇《いかく》する人……手を変え品を変え、彼らから約束を取り付けて、支払いをさせる。「罵倒するだけの楽な仕事」ではけっしてない。

入社当初、回収フロアでの「客を客とも思わない」社員たちの言動に違和感を持っていた私も、この世界の色に染まるのにそう時間はかからなかった。電話に出ない。約束を破る。集金に行っても居留守。こうした日常が続くと、債務者に対して憎しみともいえる感情が湧いてくる。

「なんで、どいつもこいつも、みんな返済が遅れるのか？」

実際にはきちんと返済している人がほとんどなのだが、われわれ回収部隊が相手にするのは100％返済滞納者のため、どうしても感情が「負」に傾く。

今日も朝から督促電話タイム。この日の私は延滞の浅い1カ月未満の延滞者への架電なのに対して、石松さんは3カ月遅れのお客担当で、憂うつな顔をしている。

「石松さん、今日は深い（支払いがかなり遅れている）お客ですね。あまり熱くならないでくださいよ」

相手の反応もさまざま　たくさんの債務者と接してみると、まったく社会性がなかったり、なかには知的障害を抱えているのではないかという人もいる。話を聞いているのか、こちらの言っていることが伝わらなかったり、返済額について理解できていなかったりする。本来であれば、福祉につながなければならない人が消費者金融に金を借りにくるという実情もあるのだ。

そう私が茶化すと、

「ここまで遅れると電話出ないやつも多いんですよね」

嫌がられることがわかっている電話がけは気が重い仕事だ。

ただ、この仕事を楽しんでいる社員も存在する。向かいの席の渡嘉敷さんは22歳、まだ入社して3カ月の新入社員だ。「今日もやりますか！」と目を輝かせる。社会人経験も浅いため、デックの色にすぐに染まったのであろう、どちらかというと延滞客への説教*を楽しんでいるフシもある。

督促架電がスタートする。

「もしもし、デックの加原井ですけど、昨日お支払い日だったもので……あっ、明日ですね。わかりました。お願いしますね」

1カ月遅れで、過去に延滞していないお客だと、単に忘れているだけだったりすることもあり、それほど追い込む必要もない。一方、石松さんはというと、なかなか電話に出る債務者がおらず、苛立ち始めている。

「クソッ！　また出ねえ。本当、出ねえやつらばっかりだ！」

架電件数も多いため、受話器を上げずスピーカーにした状態で電話をかける。

延滞客への説教
社内では滞納者の名前は基本的に呼び捨てだった。社員は比較的若く、初めて勤める会社がデックという人も少なくなかった。日々こんな電話ばかりしているうちに、社員の中には自分が社会的勝者であるかのように勘違いし始める人もいる。渡嘉敷さんと一緒に昼食に出かけたところ、彼はパチンコ屋に出入りする人を眺めて「こいつら、ほ

『……あっ、はい』

債務者が電話に出た。「出た」というより、きっと「間違って出てしまった」のだろう。慌てて受話器を持ち上げる石松さん。ふつうの会社なら、お客が電話に出れば、こちらの社名を名乗るだろうが、石松さんは開口一番、怒鳴る。

「何やってんの⁉」

受話器の向こうでは、お客があーでもないこーでもないといろいろ言い訳をしているのであろう。だが、延滞常連客の言葉などいっさい信用しない石松さんは、「あんた、前の勤務先、もう辞めたよね？　今どこに勤めてんの？」。ここぞとばかりまくし立てる。

さらに向かいの席では若手・渡嘉敷さんが暴走中。

「おいっ、てめー、何やってんだ！　てめーはなんで約束したこと守れねーんだ！　何回言ったらわかんだ。てめーはニワトリか！」

おそらく電話の相手は、彼より一回りも二回りも年上だろう。渡嘉敷さんの語彙力のない威嚇電話はどう見てもストレス解消にしか思えない。

もはやこの空間に「お客さま」など存在しない。債務者たちが電話に出なくな

とんど債務者なんだろうな」とつぶやいた。デックでの業務の積み重ねにより、偏見まみれの考え方になってしまったのだろう。

るはずである。

某月某日　ゴミ屋敷：多重債務者宅の特徴

電話がけが2週間ほど続いたあと、私は支店長から集金業務を指示された。最初の数回だけ竹原さんに同行し、あとは「習うより慣れよ*」でひとりでの集金をまかされることになる。支店は猫の手も借りたいほど忙しかった。

2024年現在、集金での回収業務*を行なっている会社はまれで、支払いが滞ればすぐに法的手続きに入るのが一般的となった。だが、ほんの十数年前まで、われわれは集金業務でお客の自宅へおじゃまする機会も多かった。

「集金」には2つの目的がある。1つは連絡の取れないお客の自宅へ行き、実際にお客からお金を返済してもらうこと。しかし、アポなしで突然訪問するわけだから、自宅にいるとは限らないし、いたとしても居留守を使われることも日常茶飯事。われわれは当日回収しようなんて期待に胸を膨らませて訪問しているわけ

習うより慣れよ
この仕事にマニュアルはない。お客は千差万別だから、対応法など決めようもないのだ。集金のやり方ひとつとっても、高圧的に責めるか、寄り添うように説得するかは相手の性格やキャラクター、出方次第である。とにかく現場に慣れるしかないのだ。

集金での回収業務
法律では「特別な理由がない限り原則、訪問によ

ではない。不在なら、自宅の郵便ポストに本日直接うかがった旨と、延滞利息・返済必要額・貸付残高などが事細かに記載された督促状を投函しておく。「家にまで来るのかよ」と思ってもらうためだ。

本人不在で、家族が出てくる場合*もある。たとえば、奥さんが出てきたとき、社名は名乗るが、用件については本人以外には伝えられない旨を説明する。明らかに「借金の取り立て」と思われる言動はしないものの、ふつうに考えて、消費者金融の社員が訪ねてくれれば、何をしに来たかは察しがつく。訪問目的を言わずとも、内容を伝えに行っているのも同然だ。つまり、われわれの存在をアピールし脅威を与える、これが2つ目の目的なのである。だから、連絡の取れるお客や、延滞の浅いお客のもとに集金に行くことはない。時間と労力の無駄だからだ。

今日は支店長と2人で集金だ。この月は、U支店全体の回収率が思わしくないこともあり、支店長が新人である私に「集金指導」を名目に同行することとなった。タバコまみれの督促部屋を出られる集金は気分転換*にもなるのだが、支店長がいるとなると気が重い。太鼓腹で、つねに顔が土気色の大橋支店長を助手席に

る集金は禁止」とされている。「特別な理由」とは、本人と連絡が取れないことなどが該当するが、2024年現在、大手業者は訪問回収はやっていない。今、訪問して回収するのは闇金などの違法業者くらいだろう。

家族が出てくる
債務者以外の者に対して返済を要求することは貸金業法第21条7項で禁止されている。債務者以外の者が拒否しているにもかかわらず、債務者の居所や連絡先を知らせるように要求することも違法。

気分転換
一日中、電話がけをしていると気分もふさいでくる。そんなときに遠方までの集金の予定が入ると、鼻歌まじりのドライブ気分で出かけることができた。当然、回収できなければ支店長に詰問される

乗せて出発する。

「この地域の訪問予定は2軒ですね。まずは2丁目の山田さんです」

地図を確認しながら、目的地の山田さん宅前にクルマを停める。

2人でクルマを降り、山田さんのお宅に間違いないか、表札を確認。ローマ字をくり抜いて貼り付けた手作り風の小洒落た表札である。ただ、よく見てみると、「AMADA」ではないか。

「支店長、この家、違いますよ。天田《あまだ》さんの家です」

先に敷地に入ろうとする支店長を制すると、「違わねーよ。よく見てみろ」と大橋支店長が表札を指差す。

あらためて表札を確認してみると、「YAMADA」の「Y」の接着が甘かったのか、取れてなくなっている。多重債務に追われると自宅の顔でもある表札の損傷にも気づかないくらい、余裕がなくなるものなのか。いや、それともワザとかも……などとお客に約束を破られることが日常のため、こんなことも疑わしく感じてしまう自分が悲しい。

手入れなどもう何年もしていないであろう雑草生え放題の庭を進み、玄関まで

こともあるのだが、このときの私にとっては電話がけより何倍も好きな業務であった。

到着。多重債務者の家で、整えられた美しい庭など見たことがない。この家も然《しか》りで、庭の隅には錆《さ》びた自転車が２台、幽霊船のように雑草に埋もれている。

玄関でインターホンを押す。音が鳴らず、自宅の中で鳴っているのかどうかもわからない。玄関先にはビールや酎ハイの空き缶がギュウギュウに詰まったゴミ袋が無造作に置かれている。何度鳴らしても出てくる様子がないため、ドアをノックして「こんにちは！」と声をかけるが、やはり応答なし。

玄関横の窓からのぞき込み、破れた障子越しに部屋の様子をうかがうと、テレビ画面が明滅しているようだが、人の姿は見えない。こういう場合、集金と察知すると、息をひそめて姿を隠すパターンが多い。勝手に家の中に入るわけにもいかないので、督促状をポストに投函して帰るしかない。空振りというわけだ。

督促状を投函しようとすると、ポストもチラシなどがパンパンに詰め込まれた状態で、ぎゅうぎゅうに無理やり押し込む。

「こんなゴミ箱みたいなポストじゃ*、投函したところで見ねえだろうな」

大橋支店長が捨てゼリフを吐く。債務者が出てこないのでは、支店長も「指導」のしようがない。

ゴミ箱みたいなポスト
ポストにそのままねじ込む場合もあれば、ドアの隙間に入れたり、クルマのワイパーに挟んだりする。とにかく債務者の目のつくようにして、来た形跡を残すことが重要なのだ。

気を取り直して2軒目へ。到着すると駐車スペースにクルマがある。クラウンマジェスタの白、型落ちだが、いわゆる高級車*である。

今回は期待できそうだ。インターホンを鳴らすと、玄関奥からドタドタと音を立てながら、こっちに向かってくる気配が感じとれる。「よし！」と支店長と顔を見合わせる。

だが、急に音が止まった。おそらく玄関の覗き穴から、こちらの様子をうかがっているに違いない。数秒後、ガチャッという音と同時にゆっくりドアが開いた。隙間から髪も髭も伸び放題の男性が顔を見せる。

「阿部さんですね？」

「はい、そうですが……」

「デックの加原井です」

そう名乗ると、阿部さんは急にしかめっ面になった。

「ホントに家まで来るんですか……」驚いたように言う。

「支払いしてくださいよ」横に立っていた支店長が、阿部さんの質問には答えず、感情を込めずに言う。

高級車
「ボロ家に高級車」というのも債務者の特徴でもある。高級車といっても、「型落ち」やちょっと古いタイプが多い。タイヤを「ハの字」にはいてトヨタのマークを「金のエンブレム」などにしたヤンキー仕様車もよく目にした。「ボロは着てても心は錦」ならぬ「家はボロでもクルマは豪華」という心意気なのか。私なりに分析すれば、住まいにはその人の心の荒みが表れており、所有するクルマには見栄が表れている。

阿部さんは2カ月滞納であるが、とりあえず今日は1カ月分ということで落ち着き、1万5000円だけ集金して領収書を切った。そのやりとりのあいだ、私の目は阿部さんの背後の室内に釘付けになっていた。玄関にはダンボールが何箱も積み上げられ、下のほうはグシャリと潰れてしまっている。床には足の踏み場もないほどの紙ゴミが散乱、玄関から覗き見える居間もカップ麺や空き缶、ペットボトルがあふれている。この部屋のどこに生活スペースがあるのかと思える、完全なるゴミ屋敷だ。

帰り道、車中で大橋支店長がこぼす。

「さっきの客の家ん中見たか？　延滞客の家ってだいたい考えられないほど汚ねえよなあ」

たしかに私の経験からいっても、この法則は当てはまる。和室の障子《しょうじ》は高確率で穴だらけ、部屋の中からなんとも形容しがたい異臭が漂ってくることもある。また、不思議なのはペットボトルの飲料水がひと口ふた口飲んだだけでいくつも放置してあったり、食べかけの食品が床に捨ててあったりすることだ。こういう小さな浪費の積み重ねが生活の歪《ゆが》みになっているのだと思わされる。

ただ、よく考えてみれば、わが家の乱雑さもなかなかのもので、他人が見れば債務者への最初の一歩を踏み出しつつあるレベルかもしれない。自分の家を思い出し、苦笑いする私であった。

某月某日 **綺麗どころ**：キャバクラのような貸付フロア

店頭にやってきたお客に応対し、審査から貸付業務まで行なうのは女性社員である。一般的な会社の「営業職」に当たるのが女性社員の行なう「貸付」であり、貸せば貸しただけ営業努力として認められる。

一流サラ金業者よりも審査の甘い*デックには、多重債務者や貸し倒れ予備軍を含んだお客が途絶えることなくやってくる。貸付残高は増える反面、支払い遅延者は他社より多く、その回収も一筋縄にはいかない。それを担うのが男性社員で、1階上のフロアでは電話で延滞者への督促・回収業務が行なわれる。つまり、適材適所に分業化されているわけだ。

一流サラ金業者よりも審査の甘い
二流業者が一流に追いつくにはどうするか？　とにかく貸付残高を増やさなくてはいけない。デックが「おまとめローン」に注力していた理由もそ

では、社内の評価基準はどうなっているのか？　女性社員が「貸付」で評価されるのに対して、男性社員は「回収」で評価されるかと思いきや、けっしてそうでもない。回収業務は「できて当たり前」で、インセンティブとして給料に反映されたり、支店内で表彰されたりといったことはいっさいない。そのかわり、できなければ支店長から詰められる。つまり、「アメとムチ」のムチだけを振るわれる状態といっていい。

T県U支店の貸付フロアも、回収フロアに負けず劣らず強烈なメンバーで構成されている。大橋支店長は〝上〟にペコペコし、〝下〟に厳しい小判鮫《こばんざめ》タイプ。リーダーシップ皆無で、誰からも慕《した》われていない。女性スタッフは5名、いずれも見た目だけで選考されたと思われる綺麗どころばかり。そのトップに君臨するのは白井さんである。この白井さん、40すぎの独身で私より5年先輩。派手な顔立ちで、年齢よりも10歳は若く見え、本人いわく「30歳まで六本木のキャバクラで働いていた」というのもあながちウソとも思えない、貸付フロアの女性リーダーである。

白井さんが得意とするのが「紹介」による新規顧客の勧誘*だ。デックは「紹介

ここにある。他社3社の借入れをまとめれば、その分貸付残高が増える。だから必然的に審査も甘くなり、「この人には貸して大丈夫？」というお客にも前向きに対応することになる。

新規顧客の勧誘
消費者金融の販促方法としては、街頭でのティッシュ配付がおなじみだった。1960年代のサラ金の販促品はマッチだったのが、1970年代になり、ポケットティッシュが主流になったという。ターゲットがサラリーマンだけでなく、主婦層にも広がったことの象徴だろう。消費者金融のティッシュ配りの元祖は、武富士とする説や他社発祥説など諸説ある。

キャンペーン」と称して、お客からお客を紹介してもらう集客方法をとっていた。新規顧客を紹介してくれたお客には5000円の商品券がプレゼント*される。白井さんは日々お客に「ねぇ、誰かいない？」と電話でアプローチする。キャバクラ嬢の経験が活きるのか、白井さんの集客実績は抜群で、本社からも表彰を受けるほどだ。そんな白井さんだから、大橋支店長も強く出られない。彼女こそ事実上の支店最高権力者*なのである。

回収フロアのリーダー・竹原さんが2、3階共用の給湯室に呼び出されている。

「ちょっとあんた！　昨日ここにペットボトル捨てたでしょ？　ちゃんと分別してくれる？　あとここのキッチンの三角コーナーの生ゴミもあんたじゃないの？」

リーダー格の白井さんの周囲を囲む女性社員にもにらまれ、竹原さんは縮こまっている。回収フロアで幅を利かせる〝昔悪かった自慢〟も、彼女たちには通用しない。白井さんに逆らったら、社内で居場所を失うため、「はい、すぐに掃除します」と平謝りだ。私はこの光景を見なかったことにして、屋外階段で3階に駆け上がる。

5000円の商品券がプレゼント
この商品券欲しさに、新規顧客の紹介にとどまらず、自分名義でカードを作り、人に貸し与える人が出てきた。これは「名義貸し」で違法なため、社内でも問題になった。

事実上の支店最高権力者
別支店の同期の女性社員が「紹介キャンペーン」で爆発的な数字を上げ、支店長に昇格した。そのことを知った白井さんは「彼女は枕営業で成績を上げている」などと言いふらしていた。常識的に考えて、債務者と寝て紹介をもらうなどとは考えにくい話だが、私の耳にも入るくらいあちこちでその話をしていた。女性同士の争いとは恐ろしいものだ。

デックは基本的に男女平等の環境であり、「お金」も悪くない。

入社1年目の私でも、残業代、手当を入れて手取り35万円。ボーナスが夏・冬それぞれ80万円*ほど出て、年収は額面600万円超。同世代の友人とくらべても良いほうだろう。社歴が長く、実績もある白井さんはそれよりもさらに多いはずだ。

白井さんは独身にもかかわらず、数年前、U市内に4LDKの一戸建てを購入し、愛猫と一緒に暮らしているらしい。つまり、銀行がそれだけお金を貸せると判断した属性なのである。

白井さんに平身低頭するという点では、この私も例外ではない。白井さんの一戸建ては支店からかなり距離があるため、歩きではとても通えない。だからといって電車の便も悪いらしく、白井さんは毎朝タクシーで出勤してくるのだ。そして帰りはというと、私が標的になる。

あるとき、マイカー通勤の私が帰りがけ、クルマに乗り込もうとしたところで、白井さんから声がかかった。

「ねえ、加原井さん、今日送ってってくれない?」

ボーナスが夏・冬それぞれ80万円
私が入社したのはまさに〝サラ金バブル〟の時代。これが「永遠の安定」と思い込んだ私はこのころ35年ローンで一戸建てを購入。土地建物で総額4000万円。頭金で500万円を支払い、3500万円をローンで支払うことになった。「お客さまのご年収ですと、ボーナス払い併用にすれば、まったく問題ありません!」と私に不安のかけらも与えない、住宅メーカーの優秀な営業マン。世の中、永遠に変わらぬものなどない、という真理を知るのは、このずっとあとのことになる。

「いいっすよ〜」

気軽にこう言ってしまったのが事の始まり。知り合いなら、ふつう助手席に乗るものであるが、白井さんはそのまま後部座席に乗り込み、どっかと腰を下ろしたのだった。

すると、次の日も私が帰宅するタイミングにあわせて白井さんが近づいてきて、無言で目配せしてくる。どうやら「乗せてってくれ」の合図らしい。

断るわけにもいかず、会釈すると、私が運転席に乗り込むのにあわせて、白井さんも後部座席に乗り込む。以降、これが毎日のルーティーンとなってしまったのだ。

白井さんの専属ドライバーに任命された私だったが、こんなことくらいで嫌な顔はしていられない。女ボスに嫌われたら、この支店では生きていけない。こうして淡々と専属ドライバー業をこなしていた私に次なる指令がくだった。それは帰りの車中のことだった。後部座席の白井さんから声がかかる。

「あのね、東京では男子も編み物教室に通ってるんだよ。教えてあげるから、加原井さんもちょっとやってみなよ」

時間つぶし
われわれの業務は朝晩の架電をのぞき、日中には、来店客もなく、なんの業務もないという空白の時間が存在する。私は携帯でパズルゲームをやったり、ネットサーフィンしたりしている。ただインターネットの閲覧だけは気をつけなくてはいけない。パソコンは共有だからだ。竹原さんは空き時間を〝有効活用〟して仕事終わりに繰り出す夜の街情報の収集をしている。その閲覧履歴はキャバクラから、ランジェリーパブ、デリヘルサイトと多

「はあ……」

この翌週、私は白井さんから編み棒と毛糸を押し付けられた。支店の業務には波があり、忙しいときは食事をする時間もないくらいだが、ヒマなときは時間を持てあます。そんな折の時間つぶし*として、女性社員のあいだで編み物が流行っていたのだ（というよりも、編み物好きの白井さんがほかの女性社員に半ば強引にやらせていた）。

十数年前にいた六本木時代の栄光を引きずっているのか、白井さんの口癖は「東京では――」だ。東京で男子が編み物教室に通っているなんて聞いたこともなかったが、女ボスに言われれば、NOとは言えない。編み棒と毛糸を受け取り、その日から私は昼休み、女性社員に交じって編み物をやらされる羽目になった。

昼飯の時間を削って編み物をしながら、「次、転職することになったら、絶対に女の多い職場になど行くものか」と心に誓うのだった。

岐にわたる。本社から部長が臨店した際のことだ。社内会議中、「ちょっとパソコン貸して」と座ったのが竹原さんの席。部長がインターネットを閲覧しようと、画面の「戻る」ボタンをダブルクリック。画面に表れたのは、それまで竹原さんが見ていたであろう「ランパブ優良店オススメサイト」。それを見た部長は「おまえら、仕事中に何やっているのだ?」と激怒。これをきっかけに以後、社内のパソコンにはインターネットの閲覧制限がかけられることとなった。竹原さんは「一夜にして社内システムを変えた男」として社内の有名人となったのだ。

某月某日 審査落ち：信用情報とは何か？

われわれがお金を貸す際、その要《かなめ》となるのが「信用情報」の照会である。お客に記入してもらう借入れ申込書はあくまで自己申告であり、ほとんど当てにならない。とくに多重債務に陥っている人の場合は、悪意はなくとも把握しきれていないケースも多々ある。

だからわれわれは信用情報機関*を利用する。これこそが「お金の履歴書」なのだ。それは通称「クレヒス（クレジットヒストリー）」と呼ばれ、今までに借りた金融機関の件数や債務の残高、支払いの遅れや弁護士介入による債務整理を含む金融事故まで、お客のお金にまつわる情報すべてが丸裸にされる。

ここで過去に支払いの大幅な遅延、弁護士介入や破産などの金融事故が発覚していることがわかれば、いわゆる「ブラック」扱いで、現在どんなに収入があろうと審査落ちとなる。

信用情報機関
債務不履行を繰り返す顧客対策として、1969年にサラ金11社が集まって「日本消費者金融協会（JCFA）」を設立する。同協会は、不良債務者リストを共有することで、リスクを未然に防いだ。また1972年、サラ金各社の共同出資により「レンダースエ

「クレヒス」が登録されている信用情報機関は大きく分けて３種類ある。
①ＣＩＣ（株式会社シー・アイ・シー）：クレジット会社や信販系
②ＪＩＣＣ（株式会社日本信用情報機構）：消費者金融系
③ＫＳＣ（全国銀行個人信用情報センター）：銀行系

　われわれのような消費者金融業者が照会するのは①と②である。だから、消費者金融の借入れがなくても、信販系での買い物や通販などの分割払いの遅れ、または家賃の滞納なども影響がある場合がある。「無自覚ブラック」というやつだ。

　家賃はあいだに保証会社が入ることが多く、その保証会社が信販系だと信用情報機関に加盟しているため、家賃滞納や遅れが記録に残る。最近では、スマホの分割購入代金の遅れで審査に引っかかるケースもある。たかがスマホの通信料の遅れとたかをくくっていると、分割購入のスマホ本体の支払い遅れも同時進行して、「無自覚ブラック」になっている人も少なくない。

　申込書*によると地元メーカー勤務の30代男性、「生活資金」名目で30万円の貸付を希望していた。パソコンで信用情報を照会したところ、オリコの支払いが遅

クスチェンジ（LE社）」が設立され、コンピュータ管理のもと、ブラックリストの共有を行なうようになる。同社がのちに「日本信用情報機構（JICC）」となる。

申込書
通常、貸付の受付や審査は女性スタッフが行なうのだが、人手が足りない場合などは回収フロアの男性社員が助っ人として店頭に駆り出される。貸付業務は事務的な手続きが煩雑で手間がかかるため、男性社員は基本的にみな面倒くさがった。

延している。信販系で督促もゆるいため、おそらく気づかないまま放置してあるのだろう。残念ながら貸付不可＊となる。

「お客さま、たいへん申し訳ございませんが、審査の結果、当社規定により今回はご融資できません」

定番の断り文句を告げると、お客は血相を変えた。きっと自分が審査落ちするなどとは夢にも思っていなかったのだろう。

「えっ⁉　なんで！　理由を聞かせてよ」

お客としても、その理由を確認しないことには改善策も見つからないのだから気持ちはよくわかる。

しかし、「あんた、オリコの支払い遅れてるでしょ」なんて口が裂けても言ってはいけないのだ。なので、理由は「当社規定による」一辺倒でお帰りいただく。

なお、審査の基準は会社ごとに異なるため、信用情報のどこが審査で引っかかるかは会社によって違う。アコムではNGだったのが、デックではOK＊になるということもある（その逆はほとんどない）。

彼らの対極にいるのが「スーパーホワイト」である。これは、消費者金融だけ

残念ながら貸付不可
この信用情報を知りたい場合は、個人でも手数料を支払ってCICやJICCに照会をかけるという方法もある。昔は郵送のみだったので時間も手間もかかったが、2024年現在はネットで申し込めるので簡単になってきた。ただ、それを見たとしても果たしてどの部分が審査で引っかかったのかの解析ができるかどうかは別問題であるのだが…。

アコムではNGだったのが、デックではOK
当時、もっとも審査基準が厳しかったのがアコムとプロミスで、その次にアイフル、武富士、その下にデックなどの中小業者が続いた。審査基準のネックになるのは他社での借入れ件数だ。アコム、プロミス、アイフル、武富士、三洋信販の大手5

ではなく、クレジット会社のカードも作ったことのない〝真っ白〟な人だ。こういう人には過去の利用履歴や信用取引履歴が存在しない。これには2通りの解釈がある。1つは、いっさい借金をしたことがない（カードも作ったことがない）人。もう1つが、借金ができなかった人。

「借金をしたことがない」のと「借金をすることができない」のとでは大違いだ。「借金をすることができない」というのは、言い方を変えれば、誰からもお金を貸してもらえないということだからである。

大昔に破産や債務整理をして長らくお金を借りることができなかった人の場合、その事象が古すぎると信用情報に残っていない。それゆえ「スーパーホワイト」なのだ。こうなると「クレヒス」を照会してもどうしようもなく、こちらも判断のしようがない。ただふつうに考えて、クレジットカードを作ったことも、一度の分割払いもしたこともない、いい歳こいたオヤジがノコノコ*とサラ金に金を借りに来るのも不自然である。そうなるとカードを作らなかった、いや、作れなかった理由を疑いたくなるのが、われわれの習性だ。

最後に、意外な理由で審査落ちするケースについて追記しておこう。

社は「消費者金融からの借入れは最大3社まで」とする業界内ルール（3件規制）を設けていたが、デックは他社7件まで大丈夫だった。多重債務者が集まるわけである。

いい歳こいたオヤジがノコノコ

店頭に50代半ばの夫婦が新規の申し込みで来店。借入れ希望額30万円。申告内容で入力を済ませ、信用情報を照会すると「スーパーホワイト」（他社借入れゼロ）。「ご希望額、大丈夫です」と伝えるとホッとしている夫婦。奥さんが「ほらっ、大丈夫だったでしょ」とぼそり。いぶかしんだ私が聞き耳を立てていると、ご主人も「昔のことなら意外と大丈夫なんだな。良かったね」。私が「お客さま、以前、金融事故を起こされたことあるんですか？」と聞くと、

それが「照会件数」。「照会件数」とはその名のとおり、お客が借入れ申し込みをして金融会社が信用情報機関に照会をかけた件数のことである。

借入れの申し込み時、すぐにお金が必要な人に限って、「数打ちゃ当たる」で次から次へと多数の消費者金融へ申し込みをする。最近では、保険加入や自動車を売りに出す際などに「一括見積もり」や「一括査定」といった複数同時申し込みが増えているから、そんなノリかもしれない。

だが、各金融機関はそのつど信用情報機関に照会をかけ、この照会自体がデータとして残る。照会件数が短期間に多いと、それだけ必死になって借りようとしているとみなされ、審査上不利になる。本当にお金を借りたい人にとって金融機関への「数打ちゃ当たる」作戦は御法度《ごはっと》なのだ。

某月某日 「持ち家じゃないか！」：二流サラ金の悲しいさが

消費者金融業界にも大小さまざまな会社が存在する。私が入社したデックはど

ご主人は「相当昔の話だよ」と正直に吐露。信用情報的には白でも、聞いてしまった以上は無理だ。申し訳ないが、丁重にお断りした。

ちらかというと二流、三流の部類*である。そうなると、当然、客層も二流、三流になる。

お客の二流、三流とはどういうことか？　つまり、一流（大手）で借りる人より借金の多い人だ。大手での借入れ枠が上限に達してしまった人、または他社への返済のためにお金を借りにくる人、俗に言う「自転車操業」に陥った人たちである。そして、こうしたお客なしには成り立たないのも、われわれ二流、三流消費者金融業者の悲哀である。

小太りの年配男性がソワソワと人目をはばかるように入店してくる。今日も大手で断られたふうのお客の来店だ。

「いらっしゃいませ。どうぞこちらへおかけください」

まずは女性スタッフがご案内。「こちらの借入れ申込用紙にご記入お願いいたします」と用紙を渡すと、女性スタッフは私とバトンタッチ。

申込用紙には、氏名・住所・電話番号・勤務先・勤務先電話番号のほか、今回の借入れ希望額や借入れ目的、他社借入れ件数とその金額まで記入しなくてはならない。

二流、三流の部類
デックがキャンペーンとして「10フリーローン（初回契約の翌日から10日間無利息）」「30フリーローン（初回契約の翌日から30日間無利息）」という商品を打ち出したことがある。「10フリーローン」を借りたお客で、実際に10日間で返済した人は皆無だった。一方の「30フリーローン」は「ほかの消費者金融のご利用がないお客さま」が対象だったため、デックにはは該当するお客自体がおらず、企画倒れに終わったのだった。

だいたいの人は、氏名・住所・電話番号あたりまではスラスラ書く。しかし、他社借入れ件数・金額の記載欄になると手が止まる。心の中で葛藤が起こっているのだ。こんなに借金があったら借りられないのでは……。正直に全部書いたら審査に落ちるのでは……。少し少なめにしておこうかな……。

実際には信用情報を照会するので、お客の過少申告はすべてバレてしまうのだが……。このお客もなにやら迷い、考えながら、借入れ希望額・他社借入れ件数と金額を記入していった。

申込用紙の記入が終わったところで、私は声をかけた。

「お客さま、ご記入は終わりましたか？」

「はい、これでいいですかね？」とお客が不安げに申込用紙を差し出す。

勤務先はこの地方では名の知れたスーパーチェーンだから、身元はしっかりしている。肝心の他社借入れは5件の１５０万円で、結構つまんでいるな。……そんなふうに記載事項を確認していると、ある項目が私の目に留まった。

〈持ち家。居住38年〉

おっ、持ち家じゃないか！　しかも居住年数がこれだけ長いということは住宅ローンも終わっているはず。私のテンションがあがる。

持ち家というのはわれわれ貸し手からするとポイントが高い。お客が先々返済に困った際に「おまとめローン（不動産担保ローン）」に誘導するチャンスがあるからである。

「わかりました。それではこれからさっそく審査に入らせていただきますね。では、免許証のコピーをいただくのでお借りしてよろしいでしょうか？」

「あっ、はい、お願いします」お客は免許証を私に提示する。

信用情報を照会するため、端末を叩く。お客の目の前ではあるが、当然画面は見えないようになっているし、信用情報の内容を聞かれても答えることはない。

カタカタカタという音とともに端末からお客の信用情報の用紙*が出てくる。借入れが５件あるので用紙もなかなかのロングである。

中身を見てみると……他社借入れ７件、借入れ総額２００万円。やはり、申込用紙に書かれたのは過少申告だったのだ。さらに消費者金融系の借金以外に信販系のカードの借入れもあることが判明。もうすでにリーチがかかった状態であることは間違いない。

信用情報の用紙
１件の借入れにつき、「初回の契約年月日」「借入れ額」「直近の返済日」「遅延の有無」「信用情報の照会件数」などの情報が記載されている。借入れ件数が多いお客ほど印字に時間がかかることになる。このカタカタカタとプリントアウトされてくる時間で、内容を見なくとも多重債務であるか否かはだいたいわかるのだ。

デックの「審査基準*」に照らせば、ぎりぎりセーフではあるのだが、念のため、支店長のところに行き、相談する。

デックU支店貸付フロア*は銀行同様、入ってすぐがカウンター、そこには綺麗どころの女性スタッフが座っている。階上の、煙モクモクの回収フロアとは別世界だ。2列目以後には男性スタッフ、一番奥に支店長がどんと構える。

お客からすれば、自分の借入れ申込用紙を持って、後方の席で上司らしき人物とヒソヒソと話をされていれば気が気ではない。遠くから不安そうに私たちを眺めている。冬でも汗をにじませている太鼓腹の大橋支店長がつぶやく。

「うわぁ〜、こりゃ貸したくねーな。でも持ち家かぁ。今月のノルマもあるし、しゃーねー、OKとしておこう。ただ、50万希望だけど、限度額は20万だな。きちんとヒアリングして帰せよ」

なんとか支店長による審査は通過した。表情を変えずにお客の座る席に戻り、「お客さま、とりあえず審査はOKです。ただ限度額は20万円からのスタートになりますが、よろしいでしょうか?」と聞くと、お客の顔がほころんでいく。

「はい！　それでお願いします」

審査基準
2006年の貸金業法改正前は既存借入れ件数が審査上の大きな基準となっていた。その基準件数は会社により異なるが、デックはマックス7件までとされていた。それ以上は逆に総借入れ金額が少なくても「審査落ち」となる。つまり、この当時は金額より件数が問題とされていたのだ。大手は他社借入れ3〜4件までと厳しいが、中小になるほどその件数制限は甘くなる。ほかにも、年収や勤続年数、業種により初回の貸付金額が判定される。長距離ドライバーなど危険度の高い職業や、漁師などは危険なうえに収入に波があるため、判定は低めに出る。

貸付フロア
大口融資としての「おまとめローン」は入口カウンターの一番端に特別席

「貸し倒れ予備軍」の香り漂うこういうお客には、事細かな聞き取りが必要となる。顧客管理画面の備考欄にはそういった情報も記入、他社借入れの毎月の返済額も聞き取りして、当社の返済だけはどんなことがあっても遅れてはならない旨も念を押さなければならない。

「お客さま、今回20万円からのスタートにはなりますけど、少し聞かせていただきたいことがございます。仕事の勤務時間は何時から何時までですか？」「実家の住所は？」「ご兄弟は？」「その連絡先もいいですか？」……。

こういった補足情報を聞くのはタイミングが重要だ。審査が通る前だと、審査に差しさわりがあるのではと考えたお客は言いたがらない。逆に、審査が通りカードを渡してしまってからでも余分なことには口をつぐむ。つまり、審査は通って、カードを渡す前、ニンジンを目の前にぶら下げたこのタイミングがもっとも素直にしゃべってくれるのだ。

「じつは、これからの実績（返済実績）次第では貸付額の増額の可能性も出てきます。ただ結構、支払い厳しくなってきてるんじゃないですか？　うちも、きちんと実績を作ってくれる人には増額しますけど、逆に支払い遅れる方にはとことと

として準備されている。ここはＶＩＰ感を出すために周りから見られないようついたてがあり、椅子もちょっとグレードの高いものが備えられていた。

んやりますからね」

実際に実家に押しかけたりはしないにせよ、「もしかしたら実家や兄弟のところに行かれるかもしれない」という恐怖心を植え付けておくことは滞納の予防になる。

しかも、このお客は持ち家だ。今日のところはつっこんだ話はしないにせよ、最後にこれだけは伝えておかなければならない。

「最後に、今後もし万が一にも支払いに困ったことがあったら、真っ先に相談しに来てくださいね。ある一定の基準を満たしたお客さまにだけお伝えしているのですが、当社の場合、特別な救済措置もありますので、それだけ覚えておいてください」

返済が行き詰まれば、「おまとめローン」への誘導となるわけだが、今日のところは救済措置という言葉で期待感だけを印象に残しておく。

「はい、はい、はい、はい」

お客は、私の注意にいちいち深くうなずきながら、20万円が使えることになったカードを握りしめ、早くも浮き足立っている。* 返事だけはいいが、きっとこち

浮き足立っている
初めて来店した人だと、入店してからカードが手渡されるまで、スムーズに進んでも1時間程度を要する。書類の書き込みから審査や在籍確認など

らの注意事項など耳に入ってはいないだろう。すでに心ここにあらずで、店を出たらそのままパチンコでも行きそうな雰囲気である。

本来なら、こうしたお客には貸したくないところだが、初めて消費者金融を利用する他社借入れなしの〝フレッシュ〟なお客がそもそも来るはずがないのが二流、三流サラ金の悲哀なのである。

某月某日　金策：回収はつらいよ

ひと昔前、「お客さまは神さまです」が当たり前とされた客商売も、時代とともに変化し、最近では売り手と買い手はフィフティフィフティの関係性になりつつある。だが、消費者金融業界はそうではない。金に困ったお客は、高い利息でもいいからと頭を下げて借りにくるからだ。

さらにほかの商売との違いは、そもそもお客を信用していない（あるいは、してはいけない）ことだ。審査時には、氏名・年齢・住所から、勤務先や収入、他

を乗り越えて、カードが手渡されるころになると、ソワソワしてくる人も多い。

社の借入れ件数・金額まで、あらゆる点に疑い*を持つ。身分証の確認から、勤務先への在籍確認、そして信用情報の照会も当然である。晴れてお金を貸したら、今度は「返してくれるのか？」というさらなる疑いモードに突入する。

30代の落合さんは50万円を借りて半年、最初の数カ月は返済していたが、もう2カ月間、返済が滞っている。前回の電話では「明後日払う」と言ったが、実行されていない。電話すると、「すんません。明後日払いますから」と言う。

「明後日払うったってさ、この前も同じこと言ったよね。あんた、給料日25日でしょ。明後日って給料前の20日でしょ。どうやって払うの？」

私だって最初からこんな口調ではない。貸付業務の際は〝お客さま〟として接するし、滞納についても初月の遅れまでは敬語で対応するのが基本だ。

だが、滞納者に電話して「来月には払う」と約束したにもかかわらず、なんの連絡もないままに反故《ほご》にされたり、電話のたびに延々と言い訳を聞かされ続けているうちにタメグチになり、さらにウソをつかれたり、大声でわめいたりされれば、堪忍袋の緒が切れて、罵倒に進化する。

もちろん私もただ怒っているわけではない。「豹変」するタイミングも大切だ。

あらゆる点に疑い
この仕事をやっていくうえで欠かせない資質でもある。返済予定日、ある延滞常連客からの電話。「父が亡くなったので、返済を1日延ばしてほしいんだけど…」。私はこう答えた。「ほんの数十分の手間ですよね？食事する時間もあるわけだからできるでしょう」。本当かウソかは問題ではない。きっちりと返済してもらうことが何よりも重要なのだ。

最初から怒ってばかりいても債務者は怒られ慣れてしまうし、いつまでも甘いことを言っていれば調子にのる。メリハリが必要だ。

口ごもる落合さんに対して、根掘り葉掘りと金策の具体的方法の聞き取りを行なう。デックはそんなに甘くないことを印象づける意味合いもある。

そして、この落合さんもまた「絶対払います」と言った期日に支払いはなく、ついには電話にも出なくなった。こうなるともう自宅を訪れて回収を行なうしかないのだ。


こうして私は翌月の休日出勤の日曜日、回収のため、落合さんの自宅を訪れることにした。夕方に家を訪れてみると、ちょうど外出先から戻ってきた落合さんに遭遇した。自宅訪問は空振りも多い*から、ツイている。初めて会う落合さんは、すらりとした長身で、韓国のアイドルグループにいそうな切れ長の目をしたイケメン風だが、ジャージ姿で身なりに清潔感はない。

「デックの加原井です」アパートの玄関先で声をかける。

複数の消費者金融から借入れがあり、すでに他社からの取り立てにも遭ってい

空振りも多い
私の感覚だと、自宅訪問で債務者本人に会える確率は50％ほどだ。

るのであろう落合さんは慌てることもなく表情にも変化はない。「ああ、どうも」と言って会釈する。

「電話に出ないんで回収に来ました。約定返済額4万円*お願いします」

「金、ないんすよ。ないから、払えないっす」

「親から借りられないの？　会社から前借りとかできないの？　他社から借りてでも払ってよ*」

　私が追い込むように言うと、落合さんは困ったような顔をして黙り込む。だが、私としてもこのまま会社に手ぶらで帰るわけにもいかない。

「それじゃあ、一緒に金策しよう」半ば強引に提案した。

「はあ、はい……」しぶしぶ納得する落合さん。私は落合さんを助手席に乗せると、「それじゃあ、最初どこ行く？」とあえてぶっきらぼうに言ってプレッシャーをかける。

「叔母《おば》んとこ、行ってみます」

　私は落合さんの指示に従って、彼の叔母さんの家を目指してクルマを走らせた。場をつなぐような世間話もせず、黙って運転する私。債務者と2人きりの車中、

約定返済額4万円
カードローンの返済など、毎月決まった金額を返済することを「約定返済」といい、毎月の返済額のことを「約定返済額」という。返済サイクルは契約内容に応じて「×日ごと」「毎月指定期日」「毎月×日」などから選ぶことが可能。「×日ごと」の返済サイクルを選択した場合、前回の返済日の翌日から数えて×日後が約定返済日となる。また、「毎月指定期日」では、希望した日を毎月の約定返済日とでき、返済日も固定されているため忘れにくい。落合さんは毎月の約定返済額2万円×2カ月分で4万円だった。

他社から借りてでも払ってよ
貸金業法「取立て行為の

じつに嫌な空気である。隣に座る落合さんにとっては、嫌な空気どころか、窒息しそうなほどだろう。

こうして債務者と一緒に金策に回ったことが何度もあるが、最初に向かうところほど、不在率が高い。後半になるにしたがって、在宅率が高くなってくる。つまり、最初はいそうもないところを伝えるが、いつまでも本気でついてくると観念すると、頼りになる人のところに向かうものなのだ。これも〝債務者の金策あるある〟だ。

案の定、落合さんの言う叔母さんは不在。落合さんはもう勘弁してよと言わんばかりの困り顔で私を見る。

「はい、次！　ほかにどこかないの？」

私は金策できるまで帰らない姿勢を見せる。落合さんは観念したかのように「そんじゃ、兄貴んとこ……」とつぶやく。

さきほどよりもさらに重くなった車中の空気を感じながらクルマを走らせること15分、お兄さんの家に到着。駐車場にクルマはあるが、ボロボロでナンバーも付いておらず廃車だろう。落合さんを家に向かわせるが、ここも期待できない。

規制」において、「債務者に対し、債務者以外の者から金銭の借入れその他これに類する方法により、貸付の契約に基づく債務の弁済資金の調達を要求すること」は禁じられている。こんなことを言えば、今はもちろん、この当時も明らかな違法行為だ。だから私も誰でも彼でもこんなことを言うわけではない。知識があってクレームをつけそうな人には絶対にやらない。要は「人を見る」のだ。落合さんなら大丈夫と見込んでのことなので ある。

そう思っていると、玄関が開いて、落合さんが家に入っていく。車内から見守っていると、数分して出てきた落合さんがこちらに向かってガッツポーズ。どうやら金策ができたらしい。

息を切らせて助手席に乗り込んできた落合さんから4万円を回収。ひと仕事終えて安堵した私はホクホク顔で世間話をしながら、落合さんを自宅まで送り届ける。

某月某日 「ぶっ殺すぞ！」：債務者は弱者か？

世間一般では、多重債務者は「弱者」*とイメージされることが多いだろう。ところが、限界点を突破した債務者の中には、一転して「強者」となる者がいる。

3カ月滞納で音信不通となった債務者・大久保さんが住む市営住宅を訪問したときのことだ。大久保さんの債務は借入れ件数5件で、他社含めて総額200万円超。市営住宅なので「おまとめローン」の提案もできない、「救いようのない

多重債務者は「弱者」
多重債務者の中には、厳しい督促から逃れるため、「弱者」を演じる人がいる。ある債務者は足を引きずりながら支店に入ってきて、カウンターで「交通事故に遭ってしま

多重債務者」である。

インターホンを押すと「はーい！」と元気のいい反応。玄関に出てきたのは横山やすしに似た細身の男性。頭髪は白髪まじりだが、肌艶が妙に良いため20代にも見えるし、40～50代のような感じもする。年齢不詳というやつだ。

「デックの加原井と申します。連絡もないのでおうかがいしました」

少し威圧感を与えるようにあいさつすると、

「で、何？」

少しはうろたえる様子でも見せてくれればまだ可愛げがあるものの、そんな様子はいっさいない。昼間から飲んでいるらしく、息が酒臭い。* イラッとした私は、

「何じゃなくて、私がここに来る理由はひとつしかないでしょ。返済は？」

すると大久保さんは両手を大きく広げて大声で一言。

「ねぇーんだよ!!」

ふつうの債務者は隣近所の目を気にする。消費者金融業者が訪ねてきて、家の前でやりとりしていると思われるのを嫌う。だから、少しでも支払って早く帰ってもらおうとする。われわれにとってはそれが狙いでもある。ところが、大久保

い仕事に行けなくなった（だから返済できない）」と説明した。説明を終えると、来たときと逆の足を引きずって帰っていくのだった。

酒臭い
新人時代、先輩から「この人は酒飲みで晩酌だけが楽しみだから、夜に行けば必ず会える」と聞き、ある債務者宅を回収に訪れた。インターホンを押そうと玄関に向かうと駐車場に停められたクルマの中で人影が動く。ふと見ると、債務者が車中でカーナビのテレビを見て、ニタニタと笑いながら晩酌している。取り立てから逃れるためだったのかもしれないが、真っ暗な車中、テレビの薄明かりで浮かぶ顔を見て、心臓が止まりそうになった。

さんはそんなことに頓着《とんちゃく》しない。フロア中に響きわたる大声だ。

「毎日毎日、てめーらみたいな金貸し、相手にしてらんねーんだよ！」

そう言ったかと思うと、私のネクタイを掴んで、グイッと下に引っ張る。私はバランスを崩して地面に膝をついた。さらに大久保さんは、私を引きずり回すようにネクタイを上下左右に思い切り引っ張りながらねじり上げる。

「ぶっ殺すぞ、コノヤロー！」

大久保さんが手をゆるめたすきに私はその手を振りほどき、一目散に逃げ出した。まともな会話が成り立たない人間を相手にしても仕方がない。それに私は所詮サラリーマン。こんなところで身の危険をおかしてまで業務を遂行する使命感など持ち合わせていない。

市営住宅のエントランスで大久保さん宅のポストを探して、督促状を投函しようとして、手がブルブルと震えているのに気づく。暴言を吐かれたり、威圧されたりしたことはそれまでもあったが、手を出されたのはこれが初めてだった。手の震えを見て、怒りとか悔しさよりも恐怖が大きかったのだと知る。

日々借金に追われる生活において、大久保さんの感情が臨界点に達したタイミ

無事でよかった
夕方暗くなってから集金した際のこと。農家で敷地が広く、畑の中を歩いて玄関に向かっていると、「ポンッ」という音。私のカバンに当たったプラスチック製のBB弾が転がる。その後も「ポンッ」「ポンッ」と連続して狙ってくる。どうやら離れの住宅からエアガンで私を狙撃しているらしい。スーツに当たっても痛みはなかったが、身の危険を感じた私は督促状も渡さずに逃走。相手がまともじゃない恐怖というのはハンパではない。後日、昼間にあらためてこの家を訪問すると庭に母親らしき人物が立っていた。本人の在宅を確認すると「逮捕された」とのこと。聞くと違法薬物の常習者だったらしい。これも「無事でよかった」というエピソードである。

ングで私が訪問してしまったのだ。下手をすれば、より直接的な危害を加えられていたかもしれない。ひとまず無事でよかった*と思うだけである。

某月某日　チンピラ、推奨します：マル秘回収テクニック

今日のお客・新庄さんは少々面倒くさい。丸々と太った30代の女性で、自己防衛のためか、何かというと甲高い声で延々と言い訳を続ける。もう3カ月延滞しており、電話では埒《らち》が明かないため、「相談に乗りますよ」と伝えて、支店に呼び出した。音信不通になる前になんとか回収しないといけない。

約束の時間から30分遅れて、新庄さんが店に到着する。

「今月の支払いが厳しいってお話ですよね。お給料は入ったんでしょう?」

あらためて確認すると、泣きそうな顔をしながら、

「でも先月は体調を壊して欠勤が続いていたんで、支給額が思っていたよりだいぶ減ってしまったんですよ。私はアルバイトなので……」

例によって長い長い言い訳が始まりそうなので、さえぎって聞く。

「誰かに借りたりできないの？」

「そんなあて、あるわけないじゃないですか！　だって……」

話をするたびにゲホッ、ゲホッと激しく咳き込む。体調不良のアピールなのか、会話中にゲホゲホ咳き込む債務者は多い。本当に体調が悪いのかもしれないが、この仕事を長く続けているとどうしても疑いの目で見てしまうようになる。

第三者から見れば、〝強欲な金融屋〟が〝か弱い債務者〟をいじめている絵である。ただ、この仕事を生業《なりわい》としている私はこんなことで「そうですか、それなら仕方ないですね」などとなるはずもない。言い訳を続けようとする新庄さんを再びさえぎり、「それじゃ、他社も返済遅れてる感じ？」と強めの口調で問いかける。

「当たり前じゃないですか！　生活するだけで今月は精一杯なんですよ！」

新庄さんの癇《かん》にさわったのだろう、声がワントーンあがる。

私は新庄さんが来店する前、信用情報を照会して他社の返済状況も確認済みだ。それによれば、4社の借入れ中、今月1社は返済している。

「でもね、1社返済してますよね？　そういうの全部調べてあるんですよ」

新庄さんは急に慌てた様子になり、「えっ、まぁ、それは、その……」ともごもごと口を濁す。

「どこに払ったの？」と聞くと観念した様子で、

「E社さんですよ。あそこはヤクザみたいなところで怖いんです。もう怖くて怖くて……」

「なるほどねぇ。新庄さんはうるさい会社や怖い会社なら支払うんですね」

E社は昔から独自の路線を行く消費者金融業者である。E社には知り合いがおり、私もその内情はよく知っている。違法な闇金ではなく、金利もほかと変わらない。ただ、社長の方針でスタッフはチンピラ風を推奨されている。そして、貸付はすべて店頭での対面で行なわれる*。私の知人も、会社の方針でテカテカのオールバックに薄い色付きメガネをかけさせられている。どう見ても一昔前の田舎ヤクザで、久々に会ったときには30すぎて突然グレたのかと思ったほどだ。

なぜ、チンピラ風かつ対面型なのか。貸付前に「カウンセリング」と呼ばれる公開説教を行なうためだ。

すべて店頭での対面
返済についても原則的には店頭に持参してもらうという。顔を合わせることで、関係性を築きながら、「この人はもうそろそろパンク寸前だ」とか、「まだ貸し付けても大丈夫そうだ」といったことを見極めるのだ。これもE社独自のテクニックといえよう。

「なんでこんなに借金作ったの？　どうするの？　うちは取り立て厳しいよ！　ほかは払えなくなってもうちにはキッチリ払ってもらうけど、それ約束できるんだろうね⁉」

対面でイカつい風貌のスタッフがとことん恐怖を植え付けてからの貸付となる。業界でもその異質ぶりはよく知られている。

内情を知っている私も「あそこならしゃーない」と思いながらも、新庄さんをそのまま返すわけにはいかない。

「わかりましたよ。今月は利息だけ入金してくれれば返済日を来月まで飛ばしてあげますから。でもねぇ、こんなことはもうないよ！　それは忘れないでよ！」

E社の「カウンセリング」に負けないくらいドスをきかせてそう言い、利息分5436円のみ入金してもらう。

延滞しているお客は、払えない理由として「お金がない」と言う。だが、実際に所持金ゼロというケースはほとんどない。その多くは「自分の生活費*、もしくは遊興費を差し引くと返済に支払うお金はない」という意味だ。「お金がない」債務者からどう回収するか、それがわれわれの腕の見せ所*なのである。

自分の生活費
お客の言う「生活費」というのもアヤシイ。私の印象だと、金に困っている人ほど、生活が派手でぜいたくしている。化粧品代やレストランの食事代、スポーツジムの会員費を「生活費」と考えている人もいるのだ。

腕の見せ所
脅すだけではダメだ。もちろん甘やかすだけも通用しない。押したり引いたり、時に信頼できる力ウンセラーでなければならない。それをできるのが「やり手」なのだ。

某月某日　食べ放題：「やつらは金がないいんじゃやない！」

今日は日曜日にもかかわらず、会社指示での休日出勤だ。

デックU支店では、店舗を開けない休日にも社員2名が出勤することになっており、持ち回りでひと月に1～2回の休日出勤当番が割り当てられる。当番日は督促電話や集金、「おまとめローン」の営業電話だったりと業務内容は自由。ただ日曜日は在宅率が高いので、私はおもに集金業務に当てていた。

30万円の債務がある今江さんの自宅に集金にうかがう。自宅のインターホンを押して名前を名乗ると、今江さんが慌てて玄関を開けて出てきた。

「今江さん、電話しても全然出てくれませんよね。こっちだって来たくて来てるわけじゃないんですよ」

私が玄関先で話し出すと、今江さんは何度も後ろを振り返り、家の中を確認している。どうやら、日曜日で子どもも在宅中らしく、家族の目が気になるようだ。

「とにかく今日はアレなんで、来週の金曜まではなんとかしますから。明日また一度電話も入れますから」

とにかく一刻も早く帰ってほしい様子。ただ私もわざわざ集金に来て、せめて1カ月分くらいは回収できないと会社になんと報告していいかわからない。決められたノルマ*があるわけではないが、私の場合、残業代と休日出勤手当で毎月10万円強を稼いでいるわけで「それなりの結果」を期待されることになる。

「来週じゃなくて、今すぐに1カ月分だけいただけませんかね？」

集金の場合、現金を手渡しでもらい、領収書を渡すのが基本だ。どうしても手元にないときには後日の振込をお願いする。

「いや、本当に今はないんですって！　ならわかりました。今晩妻に言って1カ月分は明日には支払うようにします。残りは金曜日に払います。妻にも相談する時間が欲しいので、とにかく帰っていただけませんか」

今にも泣き出さんばかりの表情で懇願する今江さん。さすがにこれ以上は無理だと判断した私は、

「わかりました。とにかく奥さんに相談して、必ず明日お願いします。それから

決められたノルマ
たとえば同業他社であるアイフルでは「店ごとの連帯責任制成果主義」が導入されていたという。貸付や取り立ての目標を、個人ではなく、支店ごとに設定し、支店の達成率が悪ければ、その支店の社員全員のボーナスが下がる仕組みだった。(『アイフル元社員の激白』笠虎崇著、花伝社)

電話は必ずくださいね」

そう念を押し、今江さん宅をあとにするしかなかった。休日出勤して1カ月分すら回収できなければ、支店長から何を言われるかは自明の理。とりあえず会社に戻り、事務処理を終わらせたらもう午後4時。この日、支店長は休みで、対面ではなく電話での報告だ。しかし、「対面よりマシ」という考えは甘かった。

「お休みのところ、たいへん申し訳ございません。今江さんの件、本日は集金できませんでしたが、明日必ず振込で1カ月分の1万円は入金の約束ができました」

「ハァ〜」受話器越しに大橋支店長のあからさまなため息が聞こえてくる。電話される側にしてみれば、休日に仕事の電話、それも悪い報告であれば、気分が良いはずもない。

「集金しに行って、翌日振込って、何しに行ったの？　ガソリン代かけて休日のドライブですか？　子どもの使いじゃねーんだから勘弁してくれよ」

こんなところで、借金取りの決まり文句*「子どもの使いじゃねーんだから」をぶつけられる。

借金取りの決まり文句
われわれは債務者を信用していない。だからこちらの話を聞いているのか聞いていないのかわからないような債務者には「返済日、覚えてる？　念のため復唱してみて」と、「入金日時」の約束を復唱させることもあった。債務者に「復唱してみて」「もう1回言ってみて」というセリフも決まり文句のように使っていた。

「いいか、よく覚えておけ。やつらは金がないんじゃない。あるけど、おまえに払いたくないだけだ！」

こうして、私の休日はなんの成果も上げられぬまま潰れた。疲れがどっと出てきて重い体を引きずりながら帰り支度をする。とはいえ、私にも家族*がいる。日曜の残り時間くらいは家族サービスをしなくてはならない。

私はこう見えて、仕事の悩みを引きずるタイプである。よく、会社で嫌なことがあってもスイッチを切り替えて家庭には持ち込まないという人もいるが、私にはそんなことは不可能だ。金曜日に会社で嫌なことがあれば、憂うつな気分を引きずり、土日を丸ごと台無しにするタイプだ。

だから今日も、支店長の罵声が心中にこだましながら、絶望的な表情で帰宅した。しかし、わが子たちは私の表情から何かを察することができるほど賢くはない。幼い長男が「焼肉食いてぇ！」と、うなだれてソファーに座っている私に飛びかかってくる。妻も夕食の支度が面倒なのか、「それじゃ、焼肉にしよっか」と、この世の終わりのような表情の私に呼びかけるのだった。

こうして夕方6時すぎ、家族で行きつけの焼肉屋に入店する。このあたりでは

家族
わが家は、妻と長女、長男の４人家族だ。２人の子どもの教育についてはすべて妻にまかせ、私は何も口を出さなかった。出さなかったといえば聞こえがいいが、出せなかったと言ったほうがいい。そもそも私には子どもに何か教育できる自信がない。むしろ私と真逆の思考法・行動原理であったほうがまともな人生を送ることができるとさえ思っている。

人気店でもあり、また休日ということもあって、30分以上待たされようやく席に通される。と、店舗の一番奥の席にどこかで見たことある顔を発見。そこにいたのは、つい数時間前、集金に行った今江さん家族ではないか。いくら同じ市内といえども、こんなところで遭遇するとは。

しかも今江さんはかなりお酒が回っているのか、奥さんと2人の子どもを前に上気した顔でニコニコと上機嫌に笑っている。

「1万円も返せないのに家族で焼肉かよ」とは思うものの、家族で楽しく食事をしているのだから、ここは私も気づかないふりで、なりを潜めて食事を楽しもう。それが大人というものだ。

とはいえ、ひとつ気になることがある。今江さん一家のテーブルにあるのは、どう見ても「特選！和牛プレミアムコース（1人4980円）」なのだ。対するわが家は、いつもの「満腹！エコノミーコース（1人2480円）」である。あいだにある「極旨！スタンダードコース（1人3980円）」をすっ飛ばして、わが家よりも2ランク上を堪能中。家族4人なら総計2万円の計算だ。

和気あいあいと食事をしている今江さん一家の一方で、ドリンクバーに行くにも私は今江ファミリーの視界に入らぬよう店内を逆方向にぐるりと迂回。債務者と債権者が逆転しているようだ。

せっかくの焼肉を「心ここにあらず」状態で食べている中、息子が隣のテーブルを見て、「あれ食べたい！」と言う。そこにあるのは「特選厚切り牛タン」。この厚切り牛タンは「和牛プレミアムコース」のメニュー。わが家の「エコノミーコース」では対象外の代物だ。そんなことを幼い息子に説明してもわからないので、私は「エコノミーコース」にある、向こうが透けて見えるほどの薄切り牛タンを注文してその場を切り抜けた。それに引き換え、今江家のテーブルには特選厚切り牛タンが所せましと並んでいる。私の頭の中を、さっき言われた支店長の言葉がリフレインする。

「やつらは金がないんじゃない。おまえに払いたくないだけだ！」

これで明日、約束の1カ月分の返済もないようなら、「昨日の焼肉おいしかったですかぁ？」と督促の電話を入れてやる。

それにしても、焼肉屋のコースに負けたごときでうじうじと根に持つ*自分の器の小ささに失望しながら、味のしない焼肉を噛みしめるのであった。

根に持つ
執念深い私は今江さんの入金約束日には当然、目を光らせていた。「和牛プレミアムコース」を選んでおいて「返済できません」では、会社が許しても私が許さない。そんな興奮冷めやらぬ状態で、約束当日に今江さんの顧客画面を開くと…入金済み。ホッとしたものの、なぜかモヤモヤする気持ちも残るのだった。

某月某日　親不孝者：冷暖房の効いた大きな会社に

いつものように延滞者リストを上から順番に電話中、７コール目でようやくつながる。「はい、もしもし」と高齢の女性が電話に出た。背後には工事現場の作業音が鳴り響いている。

「松井さん？　お支払いの件でお電話したんですけど、まだ今月分入金ないもんで……」

女性が話すが、周囲の音がうるさすぎて聞き取れない。「ちょっと待ってね！」という大声のあと、場所を移動したのであろう、周囲が静かになる。

「支払いだよね。連絡しなくてごめんね。今日の現場が終われば、日当出るから、そしたら払うからね」

と返済についてはきちんと約束してくれた。この人の口ぶりならきちんと払ってくれそうだ。本来なら、返済の確約が取れれば電話を切って終わりなのだが、年齢が自

分の母親と同じこともあり、思わず女性に聞いてしまった。

「現場って、建築現場の作業とか?」

「いやぁ、この歳だからそんなのはできないよ。山の中でダンプとか作業車が通ったあとに石や土をホウキで掃く仕事だよ」

年齢が同じだけではなく、話し方も母になんとなく似ている。じつは、私の母も数年前に電話で話したときに「現場の外仕事」をしていると言っていた。電話口の女性が、母の姿に重なり、思わず声を詰まらせた。

「とにかくお金を全部返すまではしっかり働くからね。もうちょっと待っててね」

女性は私が返済の心配をしていると勘違いしたらしく、言い訳するように言葉を重ねた。

「わかったよ。松井さん、体に気をつけてね。体壊しちゃ元も子もないからね。絶対に無理しちゃダメだよ」

柄にもなくそんなことを言って電話を切るのだった。

私はもう10年近く両親に会っていない。親の老後の面倒を見るどころか、この数年は連絡すら取ることのない親不孝者だ。

私は故郷がある人をうらやましく思う。私は生まれた場所も育った場所も異なり、幼少期から全国各地を流転した。原因は父の放蕩《ほうとう》である。

父は中学卒業後、布団屋に就職し、私の母との結婚を機に埼玉県に布団店を開業する。開業3年目に私が生まれた。

だが、戸田競艇場*が近かったことから、父は競艇場に入り浸りとなり、借金が膨れあがる。私が小学生のとき、家業の布団店は廃業となる。その後、父は職を変えながら、一家で各地を転々とする。父の仕事はどれも長続きしなかった。豚の屠殺場に勤めて2日で辞めてきたのを覚えている。

父親がこんな調子だから一家の生活はつねに厳しく、母はパートで当時流行っていたルービックキューブの偽物を作る工場で働き、家計を支えた。無職の上にギャンブル癖も治らず、多額の借金を抱えた父は、母親（私の祖母）に泣きつき、借金の肩代わりをしてもらったこともある。

心機一転、整体師の資格を取った父は治療院を開業する。だが、客として来て

戸田競艇場
幼いころ、私も何度か父親に連れていかれた。現在では施設も整備されてレジャー施設のようになっているが、当時場内にまき散らかされた痰やゴミが記憶に焼き付いている。それよりも記憶に残っているのが、笹川良一出演の日本船舶振興会のテレビCMである。競艇のせいで借金まみれとなったわが家のテレビから、笹川良一の「一日一善〜！」という呼びかけが流れてくるたび、茶の間がいたたまれない空気になるのだった。

いた広域指定暴力団・Y組の人間とつながりを持ち、貸金業の資格もないのに街金の真似事を始める。闇金というやつだ。

治療院は開店休業状態で、父はパンチパーマに口ひげの典型的ヤクザ*に様変わりした。つねに居丈高で周囲を威圧するような態度に、屠殺場に勤まらず半ベソをかいて2日で辞めた人間がこうも変わるものかと子ども心に不思議に思ったものだった。

そして、私が中学生のとき、父は恐喝の容疑で逮捕され、すべてを失うことになる。

父は、自分の人生がうまくいかないのは「学歴がない」からだと理由づけ、子どもだった私に口癖のようにこう言った。

「いいか、父ちゃんも昔はよくできたんだけど、小学校のとき、片目が見えなくなってから勉強についていけなくなった。学歴がないから、何をやってもうまくいかない。だから、おまえは勉強して、大学に行って、背広を着て冷暖房の効いた大きな会社に入るんだぞ」

実際に父は幼いころ、内臓の病気が原因で片目を失明している。気の毒な話で

典型的ヤクザ
こんな生活を送っているためか、父はつねに何かに脅えていて、護身用のスタンガンを肌身離さず持ち歩いていた。あるときには自宅の金庫を開けて、中学生の私に「ほら、スゲーだろ。本物だぞ」と台湾製の拳銃を見せつけた。「小心者の小悪党」という言葉がぴったりの父だった。

はあるが、今思えば、片目が見えるなら勉強に支障がないような気もするし、「よくできた昔」もいつのことかわからない。「学歴がないからうまくいかない」父の中で、成功のかたちが「背広を着て冷暖房の効いた場所で仕事をすること」だった。

そんな父の念願を果たすべく、私は一浪して、東京の二流大学に進学する。東京に居を移した私は半端者の父と別離し、自分自身の人生を歩み出すことに胸を高鳴らせた。

某月某日　父親のDNA：刺激的でワクワクする毎日

バブルに突入する数年前の東京で、田舎から出てきた世間知らずの学生が最初に就いたアルバイトがゲーム喫茶であった。

渋谷のセンター街を抜けたところに位置する雑居ビルの4階。下のフロアにファッションヘルスが入っているという、いわゆる風俗ビルだ。4階建てのビル

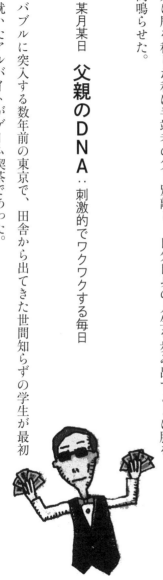

ではあるが、エレベーターは3階まで、そこから先は階段で、入口には監視カメラ。客層を見て入店させる、つまり違法ポーカー賭博店であった。今思い返せば、父に反発しながらも、アンダーグラウンドな世界に生きた父のDNAをしっかりと受け継いでしまったのだ。

従業員はみな大学生や専門学校生といった〝素人〟であり、客層など見分けられるはずもなく、店にはおかしな人間が次から次に入ってくる。一晩に200万円負けて店内で大暴れしていくヤクザ、トイレに注射針を落としていく薬物中毒者など、違法な店*は違法な人間を惹きつけるのだった。

それでも、この店やそこで起こる出来事すべてが都会に出てきたばかりの私には刺激的でワクワクする毎日だった。

時給1500円。従業員の仲もよく、店内は客も従業員もフリードリンク、フリーフード、フリータバコで助かり、さらに正月にはケツモチであるW組の組員が来て、「元気にやってるか」などと言ってお年玉までくれる。こんな学生生活のスタートだった私は、コンビニ店員など、健全な仕事には食指が動かなくなっていた。

違法な店
こんな店だから〝上司〟たちも堅気のはずがない。1日1回集金に来る店長は、「この店のケツモチを聞かれたら、S連合ー会W組だと答えてね。それと警察の摘発が入って捕まっても1泊30万円払うから安心してね」などとまったく安心できないフォロー。この言葉に逆に心配になったアルバイト仲間が店長に、「やっ

このポーカー賭博店に3年ほど勤めたところで、知り合いが経営しているパブクラブの仕事を手伝ってほしいと誘われ、私は本格的に水商売の世界に足を踏み入れる。パブクラブのオーナーは50代の在日中国人2世、小さな体にダブルのスーツ、ベンツに金無垢ロレックスと、絵に描いたような成金スタイルであった。15名の女性が在籍するパブクラブは繁盛しており、オーナーはほとんど店には来なかったため、お客に女性を付けることから、料理、酒、会計までを私がこなさなければならなかった。クレジットカードを初めて持ったのもこのころだ。私は成金オーナーの真似をしてダブルのスーツを仕立て、店員に勧められるままジャックスカードを作り、分割払いを選択した。

そうこうするうちに大学を卒業する年齢を迎えた私に、成金オーナーはこう言った。「私の右腕になって、事業を手伝ってよ」

若かった私は、誰かに必要とされることが嬉しく、舞い上がってしまった。身分はアルバイトだったが、月収は35万円。事業を成功させ派手な生活をしているオーナーに憧れを持っていたし、就職したところで今の収入より初任給が良いはずがない。一般企業に就職し新入社員としてペコペコするくらいなら、今の仕事

ぱり、警察の摘発とかってホントにあるんですか?」と聞くと、「うん、うちだけは大丈夫。渋谷の警視総監に内々に許可をもらっているから」。渋谷に警視総監がいるのかどうか、はなはだ真偽のあやしい説明をしてくれるのだった。

を続けたい。友人たちが次々と一般企業に就職していく中、私は彼らを馬鹿にしていた。
私は、30歳でデックに就職するまでの8年間を、パブクラブのアルバイト店長*として過ごすことになる。こうして私は、父親が望んだ「背広を着て冷暖房の効いた場所でする仕事」から道を踏み外してしまったのだ。

パブクラブのアルバイト店長
当初は景気のよかったパブクラブもバブルの崩壊とともに経営環境も急速に悪化していく。客入りも悪くなり、それにともない私の月給も段階的に減らされていった。最後の数年の給料は25万円ほどまで下がっており、この仕事にももう未練はなかった。

第2章
貸した私が悪いのか？

某月某日 ミニロト当選：常連延滞者のドヤ顔

毎日が、延滞客の管理*と督促。こうした日々をすごしているとふと思うことがある。

「この債務者たちは、永遠に借りては返してを繰り返す人生を送っていくのだろうか？　そして、私も来年の今ごろも、再来年、5年後、10年後も、今日と同じことをしているのだろうか？」

そんな気の迷いはすぐに日常の業務の中にかき消されていく。

朝8時半、出社するとすぐにパソコンの端末を叩き、長期延滞者をリストアップする。本日、私が架電するのは2カ月オーバーの延滞者リストだ。このクラスになると5件に1件電話に出ればよいほうだ。ダメ元でスピーカーにして架電する。

「は～い。もしも～し」

管理　パソコンの画面には、顧客の氏名・住所・生年月日・電話番号・契約年月日・クレジットライン（利用限度額）・利用限度額に対しての現在貸付金額・他社借入れ件数・他社含めた借入れ総額・勤務先・勤務先電話番号が画面上部に表示され、その下には電話の通話履歴（何月何日の何時にどういう会話をしたか）が記録されている。われわれも、お客と電話で話した際は、必ずこの顧客画面を開き、会話内容をそのつど記録に残しておく。これにより、社員の誰が

延滞者らしからぬ軽快な口調。このレベルの延滞者たちはたいていどんよりした口調のため、思わず違う人にかけ間違えたのかと、ナンバーディスプレイをリストと照合して確認する。

「貸付金49万8000円、新井さん」、やはり間違いない。新井さんは、1〜2カ月遅れの常連。電話をしても平気でパチンコ屋の音がバックに聞こえる状況で、「今、確変中だからかけ直す」と言ったきりなしのつぶてだったり、「支払いに行ったけど遅い時間でATMが閉まってた」などと子どもじみたウソを平気でつく人だ。

「『は〜い』じゃないよ。支払いどうなってるの？　2カ月も溜めておいて、連絡もなしじゃ、一括返済の請求を出すよ」

脅し文句で一発かますと、新井さんはあっさり「いいよ〜」と言う。

可哀想に、借金取りに追い詰められて、とうとう頭でもおかしくなったのか。

そんなことを思っていると、「今まで悪かったね。都合ついたんで、まとめて払いに行くよ。明日行くんで、明日までの利息含めた支払い総額、教えてもらえる？」

見ても、この顧客が現在どんな状況で、社内の誰とどんな会話をしているかが共有できる仕組みになっている。2024年現在ではほとんどの会社でお客との会話はすべて録音されている。

私は慌てて電卓を叩く。

新井さんの貸付残高は元金が49万8000円。年利29・2%だから49万8000円×29・2%として、年で14万5416円。これを日割りで計算すると14万5416円÷365日で1日当たり398円の利息。前回返済日から60日経っているので、本日までの利息は398円×60日＝2万3880円。元金49万8000円＋利息2万3880円＝52万1880円。

「52万1880円です」と敬語でお伝えし、受話器を置いた。あのパチンコ狂いの新井さんが一括返済？　それを隣で聞いていた竹原さんも紙パックのマミーをぐびりと飲んで、「あのオヤジが一括返済*？　どこかの会社でまとめたんじゃねえのか？」。周囲もざわつきだす。

新井さんのパチンコ好きは支店内でも有名。駅前にあるパチンコ店の常連で、開店前に並んでいる姿を、駅から通勤してくる同僚に何度も目撃されている。パチンコ好きは本人も公言しており、増額の審査で来店したときも、女性社員に「昨日も8万やられちまったけど、明日は7のつく日*の新台入れ替えだから負ける理由がない。だからその前に10万増額したい*」と堂々としたものだ。

一括返済
毎月の約定返済額ではなく、元金利息含めた借入れをまとめて全額いっぺんに返済し、借入れをなくしてしまうこと。

明日は7のつく日
パチンコ債務者はこの人に限らず「験（げん）を担ぐ」のが好き。運に支配されている彼らはとにかく「数字」にこだわる。みな好きな数字は「7」。新井さんのケータイには7をかたどったストラップがジャラジャラつけられているし、クルマのナンバーも「7777」。

われわれ業者の本音を言えば、金利分だけ払い続けてもらうのが望ましい。一括返済されては、貸付残高がなくなる＝利息収入も消えるからである。それでも払わないよりはマシ。

翌日、店頭で待っていると、新井さん本人が奥さんとともに来店。入ってきたときの様子も、以前、延滞中のカウンセリングで店頭に呼びつけたときとは雲泥の差だ。あのときは姿勢を低くしたまま小走りで席に着き、ハンカチで汗を拭きながらこちらの目も見ずに縮こまり、「はい、はい、すいません」の連呼だったのが、今日はゆったり堂々としたものである。

デックU支店では、お客が席に着くとドリンクメニューを差し出し、飲み物を提供するのだが、延滞客の場合、そんなものをゆっくり見て選ぶ余裕はない。

ところが、今日の新井さんは違う。ドリンクメニューを眺めながら、「ど～れ、今日は寒いから温かいものをいただこうかなぁ」とホットコーヒーを注文。

そして、53万円をカウンターに置き、「数えてみて」と差し出す。お金を数え、お釣りを渡し、完済処理を済ませた私が尋ねる。

「新井さん、契約どうしますか。＊解約にしますか、それともまたいつでも使える

「電話のコールも７回目で出る。ウンコをしてケツを拭くのも７回」だという。

その前に10万増額したい
新規客であれば、こうした理由での貸付は行なわない。だが、新井さんのように気心の知れている既存客が増額する場合には審査は甘くなる。社内でも貸付額を増やすことは推奨されているので、担当者の判断で貸付理由を「パチンコ資金→生活資金」などとテキトーに改変して対応するのだ。

契約どうしますか
完済処理のみなら、カードは引き続き限度額内で何度でも利用できる。解約をしてしまったら、契約自体がなくなるため、カードも利用できなくなる。また利用したい場合はあらためて申し込み、審査を受ける必要がある。

ように完済処理だけして契約はそのままにしておきますか？」

「もう使うことはないと思うけど、解約しちゃうとキミらの成績にも響くだろうから、そのままでいいよ」

「ありがとうございます」私は初めて新井さんに頭を下げることとなった。

完済の場合はお客にその理由を聞く*ことになっている。

「今回の完済というのは、当社で何か不都合がございましたか？」

「不都合どころじゃないよ。追い込まれて散々な目に遭ったからな。まぁ、それは冗談だけど」

実際のところ本音だろうが、そんなことを言いながらも目は笑っている。人はお金に余裕ができると心にも余裕が出てくるのだ。今回の完済が、他社で一本化したからかどうかは確認しておきたいところでもあった。

「今回のお金、会社からのボーナスとかですか？」

書類を整理しながら、サラッと聞いてみると、

「いや、みにろとで……」

新井さんがそう言うやいなや、隣にいる奥さんがさえぎった。

その理由を聞く
不都合や失態を理由とした解約ではないかを確認する。同時に、他社の「おまとめローン」などに借り換えされたかどうかを確認する意味合いもある。完済の理由については支店長にも報告されるので、他社での「おまとめローン」だったりすると、商機を逃したとして叱責されることも。

店内が大騒ぎ
じつは新井さんの高額当選発覚をきっかけに、支店内に空前のロトブームが到来した。「あの人が当たるなら、私も」というわけだ。私を含め支店内社員の多くが毎週「ロト６」を購入することがルーティーンとなった。「ロト６」は１口２００円で、私は毎回５口１０００円分を購入した。毎週１０００円で「億」の夢を見られるわけだから

「お父さん！　何言ってるの！」

新井さんも口を滑らせたと思ったのか、

「いや、これから他社へも返しに行かなくちゃいけないからね。それじゃ、お世話さまだったね」などと早々に話を切り上げて、出て行った。

「みにろとで」……新井さんが口にした暗号のような言葉を反芻する。みにろと、ミニろと、ミニロト……きっとミニロトだ。

ミニロトなら私もたまにやるが、2等だとせいぜい十数万円程度のはず。それなら多重債務者である新井さんがすべての貸付を完済できるはずがない。となれば当たったのは1等の1000万円超ということになる。

新井さんの話を同僚にすると、店内が大騒ぎ*になった。

「高額当選者なんて身近で初めて聞いたな」「でも本当に当たるもんなんだな」

「ふだんの行ないなんか関係ねえな。あんなパチンカスの欲望まみれの人間が当たっちゃうんだからさ」

たしかに私もそう思う。因果応報という言葉があるが、今回の件はどう見ても「因」と「果」のバランスがおかしすぎる。やむをえない事情でお金を借り、生

悪くない。だが私も同僚たちも当選金額は1000円や、いいところでたまに1万円。なかなか高額当選とはいかない。人はギャンブルにハマるとなんとか当選確率を上げようとするもの。私は「あたるクン」という〝自動数字選択マシーン〟を通販で7000円で購入。「あたるクン」が示す数字に賭けてみるが、これがまったくの役立たず。その正体は、毎回かすりもしない数字を教えてくれる「あたらないクン」だったのだ。同僚の石松さんは週刊誌の広告にあったチベット霊石のブレスレット、その名も「天珠（てんじゅ）」を3万円で購入。こちらも「あたらないクン」同様に効果なし。大の大人がこんな金の使い方をしているのだから、債務者の使い道をあれこれいう資格などわれわれにはない

活費を切り詰めて仕事を掛け持ちしながら必死に返済している人もいれば、朝から晩までパチンコに明け暮れ、延滞しても知らんぷりだった新井さんがミニロトで救われるという結末。

ただ、新井さんは私の前で「ミニロトが当たった」などと口を滑らせてしまう憎めないキャラクターでもある。神さまはそういう正直さに味方したのか。

でも、新井さんは泡銭《あぶくぜに》をすぐ使い切るだろう。そして、契約は残したままなので、デックのカードはいつでも使える。1〜2年、いや半年もすれば、カードからお金を引き出している可能性は大きい。新井さんはきっとここへ戻ってくる。*

某月某日 延滞者リスト：よく見りゃ、知り合いの名

消費者金融は個人情報の宝庫である。延滞情報に上がってきたお客の画面をパソコンで開けば、お客のフルネームから生年月日、住所、電話番号、当社での契約日、借入れ額などがモニターに映し出される。そこにはデックだけでなく、他

ここへ戻ってくる
カードを解約しなければ、一括返済しても高確率で再利用するのが「債務者あるある」だ。新井さんは案の定、半年後にカードから20万円を引き出した。興味本位で顧客画面を確認すると、なんと借入れ件数はミニロト当選前より他社1件増加。「増えてんじゃねーかっ！」と思わずのけぞった。ミニロト当選による「一括返済」によって新井さんの「信用」が増してしまったらしい。ミニロト当選によって債務が増えてしまうとは皮肉な話。結局、新井さんは運を味方にできなかったのだ。

社も含めた借入れ件数や借入れ総額までもが表示される。お客が丸裸にされるのだ。そして、毎日のように膨大な顧客情報を見ていると、見たくもないものを見てしまうこともある――。

今日も延滞者への電話がけ業務だ。顧客の延滞情報に目を通し、今日電話するお客ともう少し様子を見るお客を振り分ける。手当たり次第にかけていては効率が悪いからだ。顧客情報を見ていて、私の目はある欄に釘付けになった。どこかで見覚えのある名前なのだ。

住所を確認してみて、間違いない。うちの向かいの三浦さんではないか。

向かいの三浦さん一家は、庭付きの一戸建てに住んでいて、小学生から高校生まで3人の子どもがいる。三浦さんの奥さんと親しくしている妻によると、三浦さんのご主人は上場企業の部長だという。収入も安定しているはずで生活に困っているようには見えない。奥さんもけっして派手ではなく、会えばいつもニコニコとあいさつしてくれる感じの良い人。

私は恐る恐る他社の借入れ件数の欄に目をやる。あちゃ～。なんとうち以外に5件、総額250万円近い借入れがある。見てはいけないものを見てしまった。

他人の財布の中は本当にわからないものだ。

ふつうに考えれば、三浦さんの属性なら、消費者金融で借りなくても、銀行で借りられる。それがなんでうちなんかで。

こうなるともう、私の妄想機関車は止まらない。子どもさんたちはたしか公立校だから、それほどお金がかかるわけでもないし、もしかしたら三浦さん、愛人でも作っているのか。それとも過去に何かやらかした経緯でもあるのか。いや、ああ見えて奥さんが意外と浪費家なのかも……身近な人だけにもう私の頭の中はグチャグチャで、今日家に帰ったらすぐ妻にこの事実をしゃべりたくてウズウズしている。

三浦さんは、斜向《はすむ》かいの築50年超のボロ一軒家に住む、毎朝ステテコ一枚で近所を散歩し、平然と道端に痰を吐き、会ってもあいさつ一つしないじいさんとは違うのだ。ひそかに羨望の眼差しで見ていた人だけにショックも大きい。あのご主人の日ごろ見せる爽やかな笑顔や健全な家族と、消費者金融への借入れ件数とのギャップにただならぬ闇を感じる。

そんなことを考えながらパソコンの画面を見つめていると、竹原さんが「どうしたの？　嫁さんの名前でも見つけた？」とからかってきた。

「いやぁ、ちょっと知ってる人がいたんです」と口を濁すと、

「あのね〜、そういうことは業界あるあるだよ。俺なんか知り合いどころか親戚の名前見つけちゃったことがあるよ」と苦笑い。

個人情報を扱う消費者金融業には守秘義務*がある。とはいえ、三浦家の秘密を知ってしまった私は平常心でいられるはずもない。帰ってすぐさま妻に報告すると、妻は目をギラギラと輝かせた。

いつもは私の帰宅など眼中になく、娘と一緒にドラマを観ているのだが、食事する私の向かいにやってきて、「それで、それで」と話の先を促す。こんなにも熱心に私の話を聞いてくれるなんて新婚時代に戻った気分だ。

一時的に夫婦関係が円満になったのはよかったのだが、勝手に秘密を知ってしまった負い目から、ヘンに気の小さい私はこの日を境に三浦さんと顔を合わせづらくなった。

数日後の朝、私が出かけようと玄関から出ると、ちょうど同じタイミングでスーツ姿の三浦さんが家から出てきた。私はあわてて玄関に引き返し、そこで1

守秘義務
デックでは、社内規定に関する小冊子が配られていて、守秘義務についてもそこに記載があったと思う。「思う」というのは、誰もその小冊子など真剣に読まないからだ。とはいえ、お客の債務状況については社内で話すことはあっても、それは常識の範囲内で、社外の人に漏らすようなことはなかった。もちろん、家族にも話してはいけないのだが…。

分ほど待って、玄関を少し開けてもう三浦さんがいなくなったのを確認してから家を出た。

さらに別の休日、外出しようとすると、外で三浦さんが洗車をしている。私は玄関で待機し、早く洗車が終わらないかとドアの覗き穴から三浦さんの動向をチェック。

覗き穴から三浦さんをうかがっている私の背中越しに妻の声がかかる。

「あんた、何やってんの？　向こうはそんなこと知りもしないんだから別にいいでしょ。ホントに気が小さいわねえ」

三浦さんがこれ以上の延滞をしないことを望む。長期延滞となり、私が三浦さん宅に集金に行かされるのだけはご勘弁願いたい。*

某月某日　リボ払いの誘惑：なんで今まで使わなかったんだろう

デックが入居している駅前の6階建て雑居ビルは、すべてのフロアに消費者金

ご勘弁願いたい
このあと、私が三浦さん宅に集金に行くこともなかったし、三浦さんの債務がどうなったのかもわからない。この出来事から7～8年後、三浦さん一家は引っ越していった。妻によると、別の街の一戸建てに移り住むということだったが、借金が原因かどうかも謎である。

融が入っているサラ金ビルだ。多重債務者になると、このビルの1階から6階まですべての消費者金融で借入れしている人もいる。返済日は給料日近辺の25日から月末にかけてとしている人が多いから、このサラ金ビルに来れば、複数の借入れ先の返済がまとめて完了してしまうわけで効率はいい。

　彼らはたいてい上から下へ返済しながらエレベーターで移動する。* 多重債務者はカードの利用限度額が上限いっぱいになっているが、返済すれば利息を差し引いて数千円がまたカードから利用できる。* だから、限界ギリギリの債務者は6階で返済してそこで数千円引き出し、5階の返済の足しにする。そして5階で返済してまた引き出せる数千円を握りしめて4階の返済の足しにして、また4階で……と借金のための借金を繰り返す。こうなるともう末期状態。終わりはすぐそこまで来ているのに、その月を乗り越えるのに精一杯の債務者に先を考える余裕などない。

　じつは、この返済時に「借りて返す」サイクルは債務者にとっては好ましいことではないが、貸す側からすれば上客である。カードの利用枠を1円たりとも残さず使ってもらうのが貸付残高を増やす意味では最高だからだ。

エレベーターで移動
毎月、月末になるとサラ金ビルは大混雑。われわれ従業員も同じエレベーターを使うので、お客同士さっき別の階で会った人とはちあわせになり「あっ、どうも」みたいな光景をよく目にする。

またカードから利用できる
返済額は元金＋利息となり、このうちの元金分だけは再度借り出すことが可能なので、たとえば1万円を返済すると、利息分6000円を除いた元金返済分4000円が貸付可能になる。多重債務者はこの分を借りていく。こうなると、元金はまったく減らずに、毎月金利だけを払い続けるサイクルに突入する。破綻は目前だ。

ひっきりなしに訪れるお客をさばいていて、ある男性の借入れ申込書に目が留まった。「勤務先：アイフル」とある。40代で年収700万円とあり、心の中で自らの給与と比較しつつ手続きを行なう。

じつはわれわれ消費者金融の社員は、同業他社からの借入れは厳しい。債務整理などの抜け道も知っているため、警戒されるのだ。実際に、この男性も審査時に減額対象となり、属性としては満額50万円のはずが、初回20万円という審査結果が出た。

休憩中、竹原さんに「今日、アイフルの社員の人が借りにきましたよ」と告げると、「同業他社に借りに行くようになっちゃ終わりだな〜」とつぶやいた。

同業他社からの借入れが厳しいことは、借りに来た本人が一番よくわかっているはずだ。それを承知でやむにやまれずの行動だろう。彼の気持ちを考えると忍びない気持ちになるのだった。

「加原井君、今日飲みに行こうよ〜」

竹原さんの誘いはいつも当日だ。小遣い制の私の財布には2000円しか入っていない。

竹原さんや石松さんとの飲み会は一次会を居酒屋でひとしきり盛り上がったあとは、キャバクラなどに繰り出すのが恒例で、私はこれが嫌いではなかった。いや、大好きだった。学生時代に経験した水商売で接客する側だった自分が、接客される側に回ることにある種の高揚感を覚えていたのだ。

飲みには行きたいが、金はない。うらめしく札入れの2000円を眺めていると、キラリとジャックスカードが光った。だが、飲食代をカードで支払うと、翌月一括請求となり、明細が自宅に届く。高額な支払いが妻にバレるのは具合が悪い。

このとき、ふと思った。リボ払い*にしてしまおう。

債務者を軽蔑していた私は借金そのものに否定的だった。ましてや金を借りてまで遊びに行くなんて愚か者のすることではないか。ただ、便利なクレジットカードは使っており、取引実績を重ねていた私のキャッシング枠はいつのまにか10万円が20万円、20万円が30万円へと利用可能額が増えていた。

この日の支払いは数万円をキャッシングして、リボ払いにしよう。これなら

リボ払い
「リボルビング払い」はローン返済の方法のひとつで、貸付枠内ならいくら借りても、毎月の返済額は一定となる仕組み。つまり5万円借りても20万円借りても、毎月数千円の返済で済むかわりに、返済する期間が長くなる。信販会社は「返済額が一定なので計画的な返済が可能」と謳うが、返済額が変わらないため、借金している意識が薄くなり、利息の多さも意識できなくなる。結果的に借入れが増えて、利息ばかりを払い続けて元本が減らないという状態に陥りやすい。

使った金額にかかわらず、毎月決まった金額を返すだけだ。1、2万円程度のキャッシングなら数千円の支払いで収まる。妻にもバレない。こうして私は竹原さんたちとの飲み会で、生まれて初めてリボ払いすることになる。

強力な味方であるクレジットカードから数万円を引き出した私は、竹原さんたちと意気揚々と夜の街に繰り出す。

一次会のあとはコスプレパブの「マッハゴーゴー」という店にみんなでマッハゴーゴー。店に到着すると、まずはフロントで手書きのホワイトボードを見せられ、女性のコスチュームを選ぶシステムだ。「本日はこうなっております」男性店員がそう言い、殴り書きされたボードをうやうやしく示す。

〈①OL（一流企業）、②ディスコ（ジュリアナ）、③セーラー服（名門女子高）〉

なんの根拠もなく、どこを指すのかも不明な、カッコ書きの「一流企業」や「名門女子高」の文字に心躍るわれわれ中年集団。

「どうすっか?」「今日は体操服はないんっすね」「ディスコってスカートぎりぎりだったよな?」……職場では見られないほど真剣な目つきで謀議したわれわれ

は「せーの」でいっせいに思い思いのコスチュームを指さす。「ディスコ」２票に「セーラー服」４票で、「セーラー服」に決定。ご機嫌に二次会がスタートするのだった。

一次会の居酒屋と、二次会の「マッハゴーゴー」をリボ払いした私は思った。

「便利じゃないか。なんで今まで使わなかったのだろう」

カードを使えば自宅に利用明細が送られてくるわけだが、妻には「会社の飲み会での急な出費」という名目で切り抜けたあと、私は利用明細の宛先を会社に切り替えた。人は一度経験したものにはすぐ慣れる。

いつのまにか私のキャッシングに対する罪悪感や嫌悪感は消え去っていき、小遣い制*を理由にそれまでは断ってきた飲みの誘いも、たがが外れたようにつき合いがよくなっていくのだった。

小遣い制
この当時、私は1カ月5万円の小遣いでやりくりしていた。妻帯者の石松さんも小遣い制だったが、奥さんは毎日旦那の財布の中身をチェックして、5000円以下にならないようにこっそりと補充してくれるのだと聞いた。もちろん私の妻はそんな気を利かせるタイプではなく、月末が近づくとつねに金欠状態だった。

某月某日 **アルファード**：高級車でお金を借りに来る人たち

入社して4年がすぎたころ、私はU市内にある、別の支店・U中央支店へと異動となった。U中央支店は以前の駅前ビルとは打って変わり、*ロードサイドに位置する単独店舗である。

勢いよく駐車場に入って来るアルファードの新車。駐車場も広くて見通しがいいから、お客のクルマが入ってきたのが店内から瞬時にわかる。クルマの外観はフルエアロパーツでホイールもかなり豪華なものをつけている。パッと見でもオプションだけで数十万円は軽く超えるに違いない。

アルファードから降り立った男性が肩で風を切って店内へと入ってきた。

「いらっしゃいませ！」スタッフ全員が立ち上がり、元気にあいさつすると、女性スタッフが席へ誘導する。きれい系の女性スタッフに接客される男性は浅黒い肌に金髪のヤンチャ系、まだ30そこそこだろう。女性スタッフの目を気にしてか、

駅前ビルとは打って変わり
駐車場も広く、圧迫感がない。以前のサラ金ビルには窓が少なく、昼間も一日中電気をつけていたのが、ここでは燦々と日が差し込んでいる。窓を開ければ風通しもいい。「ファッションセンターしまむら」のごとく健康的な店舗で、これだけ健全だと、金を借りに来るほうも逆に入りづらいのではないかと思うほど。まるで違う会社に転職してきたような感じだった。

「おうっ」とドヤ顔で着席する。

「本日は新規のお申し込みでよろしいでしょうか？」

女性スタッフがにこやかに尋ねる。男性は腕組みしながら、「まぁ、そうだね」と、金を借りに来ているのになぜかいい男ふうの態度。女性スタッフが借入れ申込書に記入をうながすと、聞いてもいないのに、

「ふうっ～、本当困ったもんだよ。後輩がさ、クルマの修理出すのに金がないって泣きついてきてさぁ。かわいいやつで、昔っから、俺がずうっと面倒見てやってんのよ。頼りにされたら、ダメとか言えねーじゃん？」

まあ、よくしゃべるしゃべる。男性の話を要約するとこうだ。

「俺はカネがないわけじゃない。稼ぎもいい。だが財布は嫁さんが管理しているから、すぐに融通するわけにもいかない。面倒を見ているかわいい後輩のためにすぐにでもお金を準備してあげないと可哀想だから、とりあえずここに来た。来月には大きなお金が入るから余裕で返せる」

あくまで「後輩のため」という男気をアピールしたいようだ。

しかし、せっかくのアピールも、女性スタッフには馬耳東風、ニコッと一言、

「なるほどですね〜」。

このやりとりを聞いていた私と同僚は、「あれだけしゃべらせといて『なるほどですね〜』だってよ」と笑いをこらえている。

審査は問題なく進み、利用限度額50万円までの決裁が下りた。そして、カードを手にした男性は、女性スタッフから毎月の支払い日や支払い方法などの細かい説明を受けたあと、最後に一言、

「これって、早めに返しちゃってもいいんでしょ？」

最後まで「カネにゃ困ってない俺」アピールを忘れないのだった。

受付の女性スタッフ*にしてみれば、このタイプのお客はお手のもの。プライドが高くて見栄っ張りな性格を見透かし、水商売の接客さながらにこのお客を手玉に取った女性スタッフは「紹介」の数珠つなぎ*で結局1年で15人もの新規紹介をもらったのだった。

U中央支店に異動になったことで、竹原さんや石松さんという悪友と縁が切れたにもかかわらず、私の夜遊びは止まらなかった。U中央支店では、むしろ私が

受付の女性スタッフ
男性客の中には、女性スタッフを目当てに来る人もいる。自動契約機が外にあってもわざわざ店頭に返済しに来たりして、まるで飲み屋にでも来る感覚で来店する。毎月の返済日に女性スタッフとの会話を楽しみにしているのだ。会社側もそのあたりの男性心理を熟知しており、きれい系の女性

先陣を切って、同僚を夜の街に誘った。

U中央支店は郊外店舗で、繁華街までは距離があった。今思えば、このときが夜遊びをやめる一番のチャンスだった。そのチャンスを私は逃した。タクシーを使ってまで繰り出した。私もまたエエカッコしいなのだった。

ジャックスカードのキャッシング枠をすぐに使い切ってしまった私は、オリコカードとも契約し、ネット銀行や地方銀行のカードにも申し込んだ。年収700万円程度で正社員である私の属性はどこの審査もなんなくクリアした。

某月某日　スピード出世：翻弄される従業員

U中央支店の海老原支店長は23歳の女性、涼やかな顔立ちはAKBの端っこにいてもおかしくない美形である。前職は消費者金融大手・アコムで、デックに引き抜かれて中途採用され、「指導主任」という役職で半年勤務したあと、このU中央支店に支店長として赴任している。いわゆるスピード出世というやつだ。

スタッフを取り揃えている。

数珠つなぎ
「債務者の友だちはみな債務者」と言わんばかりに次から次へと紹介が続く。そして、彼の「紹介」でやってくるお友だちはみな、男気アピールのヤンチャ系ばかりで、「類は友を呼ぶ」を実感するのだった。

デックは大手消費者金融出身者を優遇しており、他店の支店長にも大手からやってきた人材が多い。

とはいえ、23歳は若い。U中央支店の社員は全員が支店長より年上である。そんな海老原支店長は「ちゃん付け」で部下を呼ぶ。安藤さんなら「あんちゃ〜ん!」、吉田さんなら「よっちゃ〜ん!」、私は「かばちゃ〜ん」と呼ばれている。いい歳の社員が必死で営業・督促業務を行なっている最中、「ねえ、かばちゃ〜ん」などと呼ばれれば、時にイラッとすることもあるが、そこは上司、グッと我慢だ。

じつは海老原支店長のバックには、T県全体を統括する鬼塚課長の存在がある。そう、私を採用してくれた、「ザ・街金」という風貌の鬼塚課長である。

この鬼塚課長と海老原支店長のあいだにはただならぬ関係が噂されている。同じアクセサリーをつけたり、妙に親しげに会話したり、むしろ海老原支店長本人がことあるごとに鬼塚課長と〝そういう関係〟にあることをアピールする。支店一若い彼女はそうすることで支店内での立場を防衛しているのだ。

海老原支店長が本社と長電話中。どうやら、今月はU中央支店で無担保ローンの貸付額が少なかったらしい*。本社にしてみれば、支店のノルマに届かなければ、男も女も老いも若きも関係ないのだ。

「みなさ〜ん、今月の貸付、ぜんっぜん数字が上がってませ〜ん！　本社からも厳しい通達がありました〜。今日からしばらくはみなさん全員で『テレキャッシング』の営業をやってもらおうと思いま〜す」

翌日の朝礼でさっそく海老原支店長から気合の入らない檄が飛ぶ。

「テレキャッシング」とは、電話での融資申し込みで、われわれはお客に電話をかけて、融資枠に余裕のあることや融資額が増額されたことを伝え、お客の同意を得たうえで銀行口座に振り込む。この「テレキャッシング」用に、ほとんどのお客には契約時に銀行口座の登録をお願いしてある。

「テレキャッシングかよ。だるいなぁ」

ふだんは「おまとめローン」営業を担当している同僚が愚痴る。というのも、必要もない人に無理やりに貸し付ける「テレキャッシング」は誰のトクにもならない仕事だからだ。ただ社命には逆らえない。

無担保ローンの貸付額が少なかった
支店の営業成績は月ごとに問われるため、完済が多い月は、貸付残高が減ってしまい、本社から責任を追及されることにもなる。そんなときには、お客に泣きついて、次月度の返済に回してもらったこともある。いつもは期日どおり返せと言っているのが、「今月の返済は1カ月待って、来月にしてくれない」などとお願いすることになる。

「もしもし、デックの加原井と申しますが、井口さんの携帯でよろしかったでしょうか？」

「はい、そうですけど、何か？」

消費者金融からの突然の電話をいぶかしく思っている。

「じつは井口さんのカードにはまだ５０００円分の利用枠がございますので、お口座にお振込みいたしましょうか？」

「何？　そんなのいらねーよ。仕事中に何かと思ったら、そんな電話？　必要ならカードを使うから、そういう電話はしてこなくていいから！」

そりゃそうだ。平日の昼間から、数千円程度の利用枠のお知らせで電話などよこされるのは迷惑以外の何ものでもないだろう。

逆に「テレキャッシング」の営業電話*に大喜びするお客は、相当に追い込まれた状態ともいえる。優良なお客にとっては迷惑な知らせ。本来は貸さなくてもいい人に、貸す側も過剰とわかっていながら貸し付ける、ナンセンスな仕事である。

同僚たちもなかなかうまくいかない中、畑山さんが受話器を握りしめてガッツポーズ。

「テレキャッシング」の営業電話
支店長からの強いプレッシャーを受け、お客に向かって「必要なければ、カードで返済しちゃえばいいでしょ。とりあえずいったん振込みだけさせて」と強引な営業電話をかける社員も。こうなると、「振込め詐欺」ならぬ、「振込む詐欺」である。

支店長の嬌声
この海老原支店長はわず

「よしっ、2000円振込予約ゲット！」

それを聞いた海老原支店長が「はたちゃ〜ん、やったじゃん！　すっごいよ〜！」。

大の大人が2000円の振込枠を獲得して大喜び。支店長の嬌声*を耳に、私は脱力するのだった。

某月某日　夜逃げ：首が回らなくなった人の結末

借金で首が回らなくなった人の結末には、大きく分けて3つある。

1つ目はなんとか努力して完済する人、2つ目が弁護士や特定調停を頼って債務整理や破産申立てをする人、そして3つ目が逃げる人である。

この日、私は午後から7件の集金業務*が入っているハードスケジュール。

1軒目、お宅に到着すると雑草ボウボウで、絵に描いたような債務者の家。インターホンを鳴らすも反応なし。玄関横が居間になっているようでそこを覗き込

か半年足らずで別支店に異動になった（その後、デックを退社したと聞いた）。デックでは支店長の異動が頻繁に行なわれていた。

7件の集金業務　集金にあたってはレンタカーを借りるなどするために、まとめて行なうことになっていた。レンタカー代とガソリン代はバカにならないので、それなりの成果が求められることになる。

むと、誰かがコタツで横になっている。
「こんにちはー！」と声を張り上げるも、起きる様子がない。窓ガラスを叩くも反応なし。きっとほかの部屋に逃げ遅れたらしく、居間で「寝たふり作戦」のようだ。さすが熟練滞納者、われわれが部屋に上がり込むことまでしないのをよくわかって平然としている。そのとおりで、こうなると私はもうお手上げ。督促状をサッシ窓の隙間に入れて帰るしかない。

ツイていない日というのはあるもので、この日はこのあとも立て続けに不在。日が暮れたのに1件も回収できぬまま、いよいよ最後の1軒となった。1日かけて回収ゼロでは、支店長に何を言われるかわからない。支店長の顔がちらつき、気が重くなる。

最後の訪問先・小久保さんの借金総額は他社を含めて300万円超。まず減っていくことはないと考えられるラインだ。デックに対しては元金50万円の借入れがそのまま残り、2カ月以上延滞しているのにくわえて、まったく連絡もつかない。正確に言えば、連絡がつかないのではなく、自宅の電話も携帯も料金未納で止められているため、連絡の取りようがないのだ。

こういうお客は日中の訪問より、仕事から帰ってくる時間帯のほうが会える確率は上がる。私は日もとっぷりと暮れたころ、小久保さん宅前へとクルマを走らせた。

クルマから降り、まずは家全体を見渡す。敷地に入り、インターホンを押してみるが応答はない。というより人の気配が感じられない。郵便受けと一体型の玄関ポストには光熱費やその他の督促状*と思われる請求書、チラシがギュウギュウ詰めに押し込まれている。

「こんばんは〜！」と何度か大声で呼びかけるも応答もない。

「まさか、一家心中とかしてんじゃないだろうな」と良からぬ想像も頭をよぎる。なんとなくドアノブに手をかけてみるとカチャッと音を立てて、ドアが開いた。不吉な予感と怖いもの見たさで、私は「お邪魔します」と言いながら、家の中に足を踏み入れた。玄関に立つと、その家にはもうしばらく人が住んでいないことが空気感で伝わってくる。

私はやってはいけないことと承知しながらも、何かに導かれるように靴を脱いで、家の中に足を踏み入れた。リビングにはソファーやテレビが置かれたままに

督促状
督促状には貸付残金や延滞利息などのほかに、返済期日に不都合のある場合は必ず連絡するようにとデックの電話番号も書かれている。だが連絡したところでどうにかなるものではないと熟知している債務者ほど、連絡などしてはこない。また不在時に投函する督促状には、備考のメモ欄にあえて筆圧強く、荒々しい文字でコメントを残す。これもプレッシャーを感じさせる手法だ。元々筆圧が強く、異常に字の汚い私は、督促状の文字を見た上司から「加原井の文字は素晴らしい！」と褒められたことがある。字が汚すぎて褒められたのは、あとにも先にも人生でこのときだけだ。

なっていて、脱ぎ捨てられた衣類やゴミ、食器が放置されている。あたりはすっかり暗くなり、電気も止められているため、はっきりとはわからないが、家族写真と思われるものが机に置かれている。手に取ってみると、写真には小学生くらいの女の子が写っている。

学芸会だろうか、体育館のような場所でお姫さまのコスチュームを着て、ニコニコとこちらにピースサインをしている。ちょうどうちの子どもたちと同じくらいの年齢だ。最初は怖いもの見たさで高揚していた私も、ここに暮らした一家の人生の悲しみに触れ、気分が沈んでいく。

さらに対面式キッチンにあるダイニングテーブルの椅子には、おそらく写真に写っている女の子のものであろうランドセルも置かれたままだ。この家には生活感が残っているが、生活の温度は感じられない。明らかに「夜逃げ」である。

小久保さんにも、この家を買ったとき、子どもが産まれたとき、家族ですごしたとき……たくさんの良い思い出もあっただろう。それがちょっとしたつまずきで、すべて失われる。

家具や家電だけでなく、ランドセルまで置いて逃げたときの心持ちはどんなも

その場をあとにした　帰社して支店長に伝えると、「ホントに夜逃げなのか?」と疑われた。というのも、家が荒れ放題の債務者は多いため、パッと見で夜逃げと

のだったろう。そのとき女の子は何を思っただろう。逃げた先でどんな生活を送っているのだろう。写真の女の子に、娘と息子の顔が重なる。

人の「負の感情」がしみ込んだ場にたたずみ、虚しさとメランコリックな感情で私は耳鳴りと軽いめまいに襲われた。

壁に掛かっているカレンダーはこの家庭がいなくなったであろう1カ月前のま……重苦しい感情がトグロを巻くこの家にこれ以上居続けるのに限界を感じ、私はその場をあとにした。*

夜逃げや行方不明のお客は社内では「スキップ」と呼ばれ、本社に報告*することになる。本社では法務課の管轄となり、住民票などをもとに居場所を継続調査するのだ。最終的に回収の見通しが立たない場合は、破産同様に「貸し倒れ」として処理される。

判断しても、じつは住人がいたなんてこともあるからだ。もちろん「家に入って確認しました」などと言えない私は「間違いありません」とだけ報告した。こうした案件に慣れっこの支店長は「しゃーねーな」のひと言だった。

本社に報告
支店長から本社に報告されると、それ以降、本社の管轄となり、支店では小久保さんの状況を把握することはできない。どうなったかを知りたい気持ちもある一方で、知らないほうがいいようにも思う。

某月某日　**在籍確認**：「なまった感じでお願いします」

貸付の前に必須なのが「在籍確認」である。申告のあった勤務先に本人が勤めているかどうかをわれわれが直接電話して確認*する。貸付前の最終チェックといえる。とはいえ、お客の勤務先に「デックの加原井ですけど」なんて電話はしない。個人名でかけて、本人を呼び出し、会社の人が「外出中です」とか「今日はお休みです」という具合に答えてくれれば、本人がその会社に在籍している証明となる。

ただ、この在籍確認を嫌がるお客は少なくない。お客からの電話が頻繁にある営業職などであれば特段問題ないだろうが、内勤事務の人にとっては外部からのこうした電話自体が不自然だからである。ふだん外部からの電話などない人宛に、しゃべり慣れたオペレーター口調で電話がかかってきたら、受けた会社側も違和感を覚えるだろう。

われわれが直接電話して確認
デックの場合は、社員が知人を装い、勤務先の会社に電話して本人の在籍を確認する方式だったが、在籍確認のやり方は会社によって千差万別だ。ある会社では、借入れ申込者本人にスタッフの目の前で勤務先に電話してもらい、会社の人と話してもらうことで在籍確認としていた。

今日のお客・中嶋さんも在籍確認を行なうと伝えた途端に顔色が変わった。*

「どうしても会社に電話しなくちゃダメ？　保険証あるんだからいいじゃない。これで勤めている証拠になるでしょう」

気持ちはわかるが、会社の規定でこれを終わらせないと審査が進まないのだ。

「中嶋さま、大丈夫です。会社名を名乗るわけじゃなく、あくまで個人名でかけますから」

「いや、個人名だから、なおさらおかしいんだって。だって不自然でしょ。うちの会社の人間は結構そういうの気にするからさぁ」

内心、私も「そうだよな」と思いながらも同調などしていられない。

「しかし、このままですと審査は完了しませんから、本日の貸付も難しくなりますよ」

金に困っている人へ決めゼリフを言い渡すと、中嶋さんも観念したのか、

「わかりましたよ。あくまで自然な感じで電話してくださいよ」

気にしながら念を押す。

とりあえず、ほっとした私は審査書類を説明しながら、別の女性スタッフに在

顔色が変わった
中嶋さんの勤務先は計測器関連のレンタル会社で、本人は法人向け営業をしており、個人名で担当営業宛の電話などまったくないという。

籍確認を依頼する。デックでは通常、在籍確認は女性スタッフが行なうことになっている。すると、その様子を見た中嶋さんから「ちょっと待って！」とストップがかかる。

「えっ⁉　女性が電話するの？　それにあんな若い子が電話したら絶対おかしいって。別の疑いをかけられたら、どうするの？　あなたが電話できない？」

私は少し苛立ちながら説明する。

「受付者とは別の人間が電話するのが会社の決まりなんです。では、もう少し年配の女性に依頼しましょうか？」

「絶対にそうしてください。できるだけおばあさんでね」

中嶋さんもひとまず納得。私は社内で最年長である50代のパートの女性を呼び、あらためて在籍確認の電話を依頼した。すると中嶋さんはパート女性を見てつぶやく。

「若いな」。それを聞いたパートさん、心なしか嬉しそう。

「電話するときは、事務的な口調じゃなくて、ふつうのおばちゃんみたいに自然な感じでお願いできますか」と中嶋さんは細かい注文をつける。さらには「電話する前に、どんな感じか練習で一度言ってみてください」と要求。面倒ではあるが、一刻も早く手続きを終わらせたい私も「おばちゃんっぽくやってみてください」とパートさんに頼み込む。

パートさんがセリフを言うと、中嶋さんからは「声のトーンが高すぎる」だの「もう少しのんびりした感じで」だの、果ては「もっとなまっている感じが出せないかなあ」などと熱心な演技指導が入る。

私は余計な手間にうんざりしているのだが、パートさんは女優気分なのか、なぜかノリノリで絶妙な演技を見せ、無事に在籍確認を完了させたのだった。

貸付時にはこうしてお客へ一定の配慮をするものの、支払いが遅れての督促となれば、容赦はない。堂々と勤務先に直電*である。

栗山さんは延滞常連で、借入れ件数7件、デックの借入り件数の上限が7件だから、もうマックスのお客。携帯も自宅もまったく電話に出ず、勤務先へ電話するも、何度かけても「席を外しています」。もちろん折り返しもない。

こういうお客は他社への支払いも遅れているため、うちだけでなく複数の消費

勤務先に直電
電話の優先順位は、携帯↓自宅↓勤務先。勤務先への電話はふつう誰もが嫌がるもののはずだが、まれに督促に慣れ切った職場というのが存在する。個人名で電話すると、「ん？　今度はアイク？　アイフル？　どこ？　本人に伝えといてやっから会社名教えてよ」などと堂々としたものだ。おそらく消費者金融業者からの電話など日常茶飯事で、電話に出た社員も債務者に違いない。

者金融から勤務先へ連絡が行っているに違いない。連日のように個人名でかかってくる電話に、会社側も違和感を覚えるはずだ。それも本人へのプレッシャーなのだ。そして、またダメもとで栗山さんの勤務先へ電話したある日のこと。

「加原井と申しますが、栗山さんいらっしゃいますか？」と聞くと、しばしの無言のあと、

「はい、私ですけど」と返ってきた。

ついに本人を捕まえられた興奮で、

「ああ、やっと出てくれたねえ。デックの加原井ですよ！」

と私は瞬時に、対滞納者用の高圧的な雰囲気に切り替えて呼びかけた。

すると、「いや、間違えました。私は本人ではありません」と言う。

やられた！　勤務先の人間も連日の電話を不審に思い、「なりすまし」でこちらの正体を探ったのだろう。私も焦ったが、もうどうしようもない。*

相手は落ち着いた雰囲気で、「本人に電話するように申し伝えます」とだけ言って電話を切った。

その後、栗山さんからは折り返しの連絡はなく、翌日には久しぶりの入金が

どうしようもない
デックの貸付担当の女性スタッフから聞いた話。在籍確認で、借入れ申込者のいう会社に電話したところ、語気荒く「そんな人いません！」との返事。本人に伝えると、「そんなはずはない」と必死で名刺を提示する。どうやら多重債務者で、会社宛にも督促電話が頻繁にあり、会社側も嫌気が差して「いません！」との返事になったらしい。こうなると本当に本人がそこに勤めていようと審査を通すわけにはいかず、どうしようもない。そもそも勤務先の会社にそん

あった。そして、この翌月、弁護士介入の「破産」通知書が届いた。

栗山さんの職場でどんな修羅場が繰り広げられたのか、私には知るよしもない。

某月某日　手ごねハンバーグ：やさしい老夫婦のおもてなし

吉井さん夫婦はともに70代で2人暮らし。デックを含み3社から総額150万円を借りて、1カ月の延滞をしていた。お年寄り*をいじめたくはないが、放置することはできない。近くの債務者から集金したついでにお宅に立ち寄ることにした。夕方5時を回り、吉井さんの自宅に着くと奥さんが庭で水まきをしている。

「こんにちは、デックの加原井です」

「あっ、お金ね。はいはい。お父さ〜ん！」

愛想よくほほ笑むと家の中にいるご主人に声をかけた。

「ああ、デックさん、すまないね。とりあえず中に入って」

吉井さんのご主人が顔を出すと、そのまま玄関を開け放ち、招き入れてくれる。


な対応をされる時点でお金を貸すべき人でないのは明らかだ。

お年寄り
年金生活者への貸付について、2024年現在は「年金＋アルバイト等での収入」という条件がほとんどだが、この当時デックでは年金のみでも少額の貸付を行なっていた。

逃げ回られたり、邪険《じゃけん》にされるのが当たり前で、今日も臨戦態勢で訪問している私は拍子抜けしてしまう。

奥さんはご丁寧にお茶まで出してくれ、夫婦そろって私の前に座った。家の中を見回しても、質素ながらもきちんと片付いている。ゴミ屋敷が当たり前の滞納者でこれだけまともなのも珍しい。*

「連絡もせず、申し訳なかったね。来たから払うわけじゃないけど、たまたまお金が入ったから、今日お支払いします」

終始穏やかな対応で、借金を延滞するタイプには見えない。こんなとき、いつも人はみないろいろな事情を抱えて生きているんだと実感する。私は延滞分の金額2万円を提示し、お金をいただき、領収書を切った。これで仕事は終了だ。

吉井さん夫婦は話し好きなのか、あれこれと話しかけてくる。

「昔話になっちゃうけど、うちもちょっと前までは建設業で景気よかったんだけどねえ」

無事に回収が済んだ気楽さで私もあれこれと世間話をしていると、奥さんから「加原井さん、これからまた会社に戻って、遅くまでお仕事なんでしょ？　時間

これだけまともなのも珍しい
本書にはほとんど登場しないが、「まとも」な債務者も当然いる。いや、債務者全体でいえば、まともな人のほうが多いだろう。ただ、そういう債務者は図々しい延滞はしないので、私が接する機会が少ない（描くべきエピソードもない）。よって、本書に登場するのは「まとも」じゃない債務者が多数になるのだ。

も時間だし、うちで夕飯食べて行ったら？」という提案。取り立てにきた人間にご馳走をするものかと思われるかもしれないが、田舎の年配者からはたまに誘われることがある。それに吉井さん夫婦となら、私自身、居心地が悪くない。

「すみません。それじゃあ、いただきます」

流れでそう答えたはいいが、私にはひとつ問題があった。じつは私は潔癖症*だ。子どものころから、友だちのお母さんが握ったおにぎりなどとてもじゃないけど食べられなかった。今でも知らない家で出されるものを口にするのに抵抗があるのだが、夕飯におにぎりが出てくるとは考えにくいので神経質になることもないだろう。

吉井さんのご主人と四方山《よもやま》話をしているうちに、奥さんの夕飯の支度が終わり、ハンバーグがお盆にのせられて出てきた。「こんなものしかなくって、あり合わせで申し訳ないけど」

「うちの母ちゃんの作った手ごねハンバーグは本当にうまいから」

私は聞き逃さなかった。「手ごねハンバーグ」。つまりは既製品じゃなく、吉井さんの奥さんが手でコネたハンバーグ。気にしない人にすれば、なんでもないこ

私は潔癖症
幼いころ、他人の食べかけを口にしたときに変な味がした記憶があり、それ以来、見知らぬ人のおにぎりはもちろん、回し飲みや回し喰いも無理になってしまった。手作りはＮＧだけど、外食チェーンだとＯＫという人もいるらしいが、決して安心はできない。先日、テイクアウト専門の寿司店で海鮮丼を注文したところ、酢飯の中に縮れた毛を発見。こんな場所にいったいどうやったら混入するのか謎だったが、外部に〝安全な食〟など存在しないことを確信した。

とかもしれないが、私の頭の中には吉井さんがクチャクチャ素手で肉をコネるシーンが浮かび、食欲指数も100↓50に半減する。

しかし、これまで機嫌よく話していたのが、目の前に食事を出された途端に断るのもおかしい。それにせっかく食事を用意してくれた吉井さん夫婦にも申し訳がない。覚悟を決めてテーブルに出された割り箸を手に取ると、なんとも妙な感覚。割り箸袋から取り出してみると、すでに割られた箸がシットリと濡れている。どうやら割り箸を洗って使い回しているようだ。しかも洗いたてで水分が抜けていない。債務者が節約するのは結構だが、衛生的に問題があるのではなかろうか。こうなると、もう食欲指数は50↓ゼロに。

私は吉井さん夫婦との会話も上の空、余計なことを考えず涙目で苦行のように手ごねハンバーグを頬張るのだった。

某月某日 **奨学金**：多重債務の典型的パターン

「とんでも債務者」は年配者に多い。人は歳を重ねるごとに図々しくなっていくらしく、借金慣れした年配債務者の中には「借金が周りにバレようが、集金に来られようがどうってことない」という〝無敵の人〟*に仕上がっている人がいる。

一方、若い債務者は比較的、真面目に返済し、約束も守る人が多い。そもそも若い人は消費者金融を利用していることが周りにバレるのを嫌がる。

パソコンの延滞客画面に表示されていた24歳の伊東さんは2カ月の延滞者、そろそろ本気で追い込みをかけようと電話をした。伊東さんは社会人2年目、デックからの貸付30万円、他社も含め総額150万円の借金を抱えていた。

「伊東さん、さすがに2カ月の延滞はマズいよ。ふつうに考えて、1カ月分返済できない人が今後2カ月分を返済できるわけがないんだから」

「はい、すみません。これからなんとかします」

何年も電話で督促をしていると、口先だけで言っているのか、心からの言葉なのかのニュアンスはわかるようになってくる。伊東さんの口ぶりは明らかに後者だった。

「これから伊東さんの中でどんな返済プランがあるの？」

無敵の人
ある日の回収での出来事。インターホンを鳴らすと年配の男性が玄関から出てきて、「裕之なら出かけたよ」と一言。債務者の父親らしい。「あんた、借金取りだろ？　あいつ、いくら借りてんの？」。いくら父親とはいえ、こういう質問には答えられない。「そういうことは個人情報なのでお話しできません。ご本人から聞いてください」と言うと、「フン！　あんたが何も教えてくれないならこっちも何も教えないよ。あんたらみたいなのがしょっちゅう来るから〝増やし〟にでも行ったんじゃねえか」とドアを閉められた。債務者の多くは仕事を増やすのではなく、ギャンブルで増やそうとするが、結果的には借金だけを増やすことになるのだ。

「すみません。必ずなんとかします」

借金慣れした債務者なら、こんな質問に対しても、作家並みのストーリー仕立てでペラペラと説明してくることだろう。だが、伊東さんはひたすら謝り続ける。こちらとしてはこういうお客のほうが扱いづらい。攻め所がわからないのだ。

私は質問を変えることにした。

「伊東さん、貸している側が言うことじゃないけど、まだ若いのになんでこんなに借金しちゃったの？」

「はい。どうしてもお金が必要だったので、最初はアコム*さんから借りたんです」

「だから、なんでお金が必要だったの？　アコムから借りた理由は何？　遊びに使っちゃった？」

「最初に入社した会社で頑張ろうと思ってたんですが、労働環境が厳しくて、半年くらいで体調を壊してしまいました。仕事が続けられなくなり、会社に迷惑もかけられないので退職することにしました」

時折、グスッグスッと鼻水をすする音が聞こえてくる。泣いているようだ。

アコム
1936年に神戸で創業された丸糸呉服店がその後、質屋を始め、1978年にアコムを設立。1996年から自動契約機「むじんくん」のCMシリーズ「ラララむじんくん」が大ヒットする。CMキャラクターであるチャント星人（セイン・カミュ）は金に困ると地球のアコムに借りに来るというもの。「じゃや、

「生活していくだけなら、アルバイトでなんとか切り詰めてやっていけたんですが、大学のときに借りた奨学金の返済があったもので……。それでまずアコムさんに借りに行ったんです」

伊東さんの境遇に思わず同情し、「それなら仕方ないね」と言いそうになる。だが、情にほだされては回収がままならないことを知っている私はその場を取りつくろうように「銀行とかは考えなかったの？」と聞かなくてもわかることを聞く。アルバイトでは銀行の審査は通りにくいし*、審査にも長い時間がかかる。今日明日の支払いに窮した人間にそんな余裕はない。

「すみません。銀行は……」伊東さんが口ごもる。

「……奨学金と家賃の支払いが迫っていたんで、すぐにお金を貸してもらえるところに行ったんです」

「それでアコムに行っちゃったんだ」

「はい、アコムさんから借りて一時はしのいだんですが、正社員の職がなかなか見つからなくて、そのうちに別のところからも借りてしまって……」

多重債務に陥る典型的パターンだ。伊東さんの気の毒なのはその原因が奨学金

地球寄ってく?」「いいねぇ～」「ラララむじんくん、ラララむじんくん、ラララ～」というフレーズが繰り返し放送されていた。

アルバイトでは銀行の審査は通りにくい　その点、デックは安定収入があれば、アルバイトでもまったく問題なし。「安定収入」という点では年金生活者の年金も同様である。ただ年金生活者であれば、より低利であるゆうちょ銀行の「貯金担保自動貸付」や、「生活福祉資金貸付制度」の利用を検討したほうがいいだろう。「生活福祉資金貸付制度」は低所得者や高齢者、障害者の生活を経済的に支えることを目的とした貸付制度で、各市区町村の社会福祉協議会が相談窓口となっている。

だったということ。だが、いかなる理由だろうと、われわれは債務者の個人的な理由に振り回されてはいられない。「自己責任」と切り捨てるドライさが必要なのである。

「わかったよ。今回だけは特別に待つけど、うちにもちゃんと返してもらわないといけないんだから、そのことは覚えておいてよね」

「はい、もちろんです。ご迷惑をかけないように、必ずきっちりと返済します。それはお約束します」

これ以上、追及はできないと悟った私は電話を切った。伊東さんの境遇に思いを馳せ、ため息をつく。だが、それもほんの数秒だ。私はすぐに次の滞納者への架電に取りかかる。

某月某日 元日生まれ：代払い返済を繰り返す道楽息子

消費者金融のカードは、限度枠内で、延滞さえしなければ何度でも繰り返し利用できる。その返済方法は問われない。

開店と同時に40代と思しき男性と、高齢の夫婦が来店した。３人が席に着くと、うつむいて何も話さない男性の隣で年配の女性が「ほれ、秀行、ちゃんと言わないと」と言い添える。どうやらお母さんのようだ。

「ご返済ですか？」と私が確認すると、何も答えない男性に替わって、お母さんが「はい。今日、全額返します」と言う。

私が本日までの利息を含めた完済金額を伝えると、お母さんは銀行の封筒から現金を取り出しカウンターに差し出した。私は現金を数え、領収書を発行する。一連の作業を見ながら、お母さんは「秀行、もう借りちゃダメだよ。こういうところは利息が高いんだから」と諭す。横にいるお父さんも「うん、うん」とうなずく。

端末を叩いて本人の情報を見ると、*この1年前、そしてさらにその1年前にも親に代払いしてもらっている履歴が残っている。親や親族による代払い完済の場合は、端末にその日付と誰が代払いしたのかを入力しておくのがルールなのだ。

息子さんは私と目も合わせないし、さっきから黙ったままだ。本来、この両親

端末を叩いて本人の情報を見る
このお客の管理画面の備考欄には「オヤダイバライ」という表記が残っている。ちなみに業務にはまったく関係がない「ハゲ」というコメントまで入力されていた（この息子さんはたしかに年齢のわりに頭髪がかなり薄くなっていた）。頭髪がさみしくなってきた私としても他人事ではない。いくら自由に入力できる備考欄とはいえ、こんなところでストレス解消をしないでほしいものだ。

のことを思えば、今後は「貸付禁止」にするのがいいのだろうが、こちらも貸すのが仕事。お客からの依頼がなければ、余計なことを言う必要はない。ご両親には悪いが、淡々と事務的に作業を進める。彼はおそらく今回完済しても、十中八九また借りにくる。そして支払いに行き詰まり、最終的には親の金できっちり返済してくれる上客なのだ。

完済処理を終わらせ、3人が退店する。お客が帰ったあと、同僚の井岡さんが近寄ってくる。

「あいつ、また親の代払いかよ。前回は俺が対応したんだけど、本当懲りないやつだね。親が可哀想ってより、甘やかしすぎなんだよな。親も悪いんだよ。ところで、生年月日見た？」

あらためて確認してみると、「1月1日」元日生まれ。

「うわ！　元日、なかなか珍しいですね」

「そう。元日なんかに生まれちゃったもんだから、両親もめでたいめでたいって甘やかし放題で育てたんだよ」

根拠などないが、さきほどの3人の様子を見ていると、井岡説は不思議と妙な説得力を持つ。

そして、予測どおり、この9カ月後、この道楽息子の借金はまたしてもパンパンに膨れ上がり、再び親子3人で店頭に訪れることとなった。

ただ、このときには親も余力が尽きたのか、「もう息子にお金を貸さないでほしいんですが」という申し入れがあり、われわれも「貸付禁止」措置*をとることになった。

同僚たちはその後も「元日生まれのアンポンタン」などとクソミソに言っていたが、じつは私はそうは思わない。困ったら親に泣きつく子と、突き放さず面倒を見る親、こうして結びつく親子関係も存在する。私のように何年も音信不通でいるよりよほど親孝行といえるかもしれない。

私の周囲にもたまたま親の相続で大金を手に入れ、贅沢な暮らしをしている人間がいる。俗にいう〝親ガチャ〟で金のある家を引いたのなら、その特権を行使すればいい。「親ガチャ」ハズレの私にしてみれば、じつにうらやましい話なのである。

「貸付禁止」措置
未成年でなくても、代払いした両親からの要望であれば、拒否できない。所定の用紙に「貸付禁止」の依頼を記載してもらい、今後の当社からの貸付の禁止を約束する。契約も解約し、カードにもハサミを入れる。端末にも事の詳細とともに「カシキン（貸付禁止の略）！」とコメント入力し、この地獄のサイクルに終止符が打たれることとなった。とはいえ、これはデックだけの話。カシキンの依頼をされていない別の消費者金融に行けば借りることができるわけで、結局は本人次第ということである。

某月某日

命を担保にとっておく：団体信用生命保険

消費者金融では、契約時、債務者に必ず生命保険に加入*してもらう。借入れ申込書と生命保険の申込書はセットになっており、流れ作業的に生命保険の申込書にも署名をしてもらう。そうなれば、当然のごとく、死亡保険金の処理という業務も発生する。

時折、債務者家族から「死亡診断書」のコピーが支店宛に郵送されてくる。債務者が亡くなっても、われわれはその事実を知らず、督促を続ける。消費者金融からの架電や督促状に気づいた遺族は支店に問い合わせをしてくる。支店スタッフは、債務の状況について説明をしたうえで生命保険が適用されることを伝える。同時に、債務者が死亡した事実を証明するための死亡診断書が必要であることを伝えて、郵送してもらう。

デックU中央支店に届く死亡診断書のコピーは月1～2通程度。支店には死亡

生命保険に加入
こうすることで、お客が返済中に病気や事故、自殺で亡くなってしまった場合、残りの貸付残高が保険会社から一括して消費者金融へ支払われる。住宅ローンを組むときの「団信（団体信用生命保険）」と同じである。

保険金担当という部署はないので、男性スタッフの誰かしらが書類を処理し、顧客管理画面上に「死亡」と記録したあとで本社に報告する流れだ。

　その日はたまたま私が郵便受けから書類を取り出し、部署ごとに振り分けていた。１通の封筒を開けると、死亡診断書が出てきた。U中央支店では、開封した者が端末を叩き、顧客情報の詳細を確認して、保険会社に郵送する決まりになっている。面倒なのもあるが、お客が死んだという事実をまざまざと見せつけられるようで気分のいい仕事ではない。

「チッ、ツイてねーなあ」

　そんなことをつぶやきながら、内容を確認して、パソコンに入力しようとする私の手が止まった。

氏名：伊東孝則（男）　昭和×年2月16日
死亡したとき：平成×年8月10日　午後11時
死亡したところ：××市××町１－２－５　××公園
死亡の原因：縊死《いし》……。

血の気が引いて、息が詰まった。つい1カ月ほど前に電話でやりとりをした、あの伊東さんだ。奨学金が多重債務の原因という境遇に同情心を抱いたが、電話を切って数分後にはもう忘れてしまっていた。

私は伊東さんに直接会ったことはなく、一度だけ電話で督促したにすぎない。ただ、あのときには間違いなく電話の向こう側に存在していた人だ。その人が自殺した。

私が直接やりとりした債務者の自殺を知ったのはこのときが初めてだった*。もちろん知らぬ間に自殺していることもあるだろうし、やりとりしていても印象に残らなければ自殺したこと自体に気づかない。だが、このときは伊東さんとのやりとりの記憶がよみがえり、頭の中で伊東さんの声がやけに生々しく再現された。生真面目そうに声を詰まらせながら、「必ず返します」と約束してくれたあの声が。

息を整えて、パソコン画面と死亡診断書の内容を照合する。伊東さんのデックでの債務は経過利息を含めて約31万円。最後に通話した履歴を確認すると、自殺の約3週間前の7月21日。このとき、私はたしかに彼と話している。伊東さんが

このときが初めて
直接やりとりした債務者が自殺した事実を知ることはその後、何度かあった。ただ、深い内容の会話をした伊東さんの印象は強く記憶に残っており、今も伊東さんの声は頭から消えない。

自殺した責任の一端は私にもある。

しばし呆然と死亡診断書を眺めていたからだろう、支店長が歩み寄ってきて肩を叩く。

「自殺か。まぁ、しゃーねーだろ。そのための団信だからな。とりあえずは完済じゃねーか」

励まそうとしてくれたのか、気にするなということなのか、それとも言葉のそのままの意味か。たしかにこんなことをいちいち気に病んでいてはこの仕事は務まらない。

「借金の追い込みをかけているのはうちだけじゃない。他社からも同じように追い込まれて、彼自身が選んだ結末なんだ。これも、この人の寿命なんだ」

支店長が言う。支店長も何度もこうした場面に立ち会ってきてたどり着いた考え方なのかもしれない。そう考えないと心の安定が保てないのだ。*

ただ、今の私にはそうは思えない。

よく「神は乗り越えられない試練は与えない」などという。この仕事をしていると、果たして本当にそうなのかと疑いたくなる瞬間に遭遇する。

心の安定が保てない
この罪悪感に耐えられなくなってしまう社員もいる。ある若手社員は追い込みをかけた債務者が自殺してしまったことでその罪悪感からか、真顔で「部屋にお化けが出る」と言い出して、支店内で話題になった。彼は支店長にも相談し、そのまま退職してしまった。私はその手の話は一切信じないが、本当だと言い張るなら、彼の強烈な罪悪感が作り出した錯覚だろう。ちなみに彼の退職届けを受理した支店長いわく「お化けが出るなら、仕方ねーな」。

われわれは「無担保」を名乗りながら「命」を担保*に取っているのだ。そして、私はこの因果な商売で家族を養っている。

「命」を担保
われわれ消費者金融が「命」を担保に取る一方、銀行は住宅ローンをお客に組ませるときに土地・建物を担保に取った挙げ句に「団信」で命までも担保に取るわけで、ある意味サラ金よりもえげつないといえる。

第3章

可笑しくて、やがて哀しき…

某月某日　おまとめローン：甘く、やさしい言葉で

多重債務者になると、A社から借りてB社に返済、再びB社から借りてC社に返済、C社から借りてA社に返済……といったことが毎月毎月発生し、わけがわからなくなる。こうなれば、最終的にはパンクするのが目に見えている。そんなときに登場するのが「おまとめローン（不動産担保ローン）」である。

銀行のいう「おまとめローン」は、ある程度年収のある人が数枚に及ぶクレジットカードをまとめるという意味合いである。われわれ消費者金融の「おまとめローン」はちょっと意味合いが違う。「おまとめ」しなくちゃ首が回らない人たちの債務をまとめるので、リスクが高いのだ。

だから、消費者金融業者はその債権保全のために、それ相応の「担保」を必要とする。つまり、大口で融資して借金を一本化するかわりにあなたの自宅（土地・建物）を担保に差し出してくださいという商品だ。

多くの人はカードの支払いは遅れても住宅ローンはきっちりと支払う。住宅は誰にとっても最後の砦《とりで》だからだ。それゆえ自宅を担保にすることは、貸す側にとって最高の債権保全*になるのだ。

デックもこの「おまとめローン」に力を入れている。店内には「おまとめローン」を案内する特大ポスターが貼られ、店頭に返済の相談に来たお客にも担当者がアプローチする。なお、「おまとめローン」の営業ができるのは、社歴が数年以上のベテランだけだ。大切な自宅を担保に入れさせるのは一筋縄にはいかないからだ。私は入社して3年が経ったところで、ようやく「おまとめローン」営業をまかされるようになった。

U中央支店においても、支店長からは「おまとめローン」の成績をあげるように日々、檄が飛ばされた。「おまとめローン」の販売に注力する本社が、全国の支店ごとの「販売ランキング」を発表して支店長の尻を叩くのだ。デックでは「おまとめローン」の契約を獲得してもインセンティブはなく、社員のフトコロには直結しなかったが、ここで成果を上げると「できる社員」とみなされた。それに、督促や回収とくらべるとこの仕事にはやりがいがあった。私はそもそも接

最高の債権保全
金融業者（銀行、消費者金融、信販会社）は、債務者の支払いが遅れれば最終的には法的手続きへと移行する。だが裁判で金融業者側の主張を認める判決が出たとしても、実際にお金を回収できるかどうかはまた別の話。その点、住宅ローンでは家という担保があるので金融業者は確実に回収できる。住宅ローンは業者側にとっても〝一番安心できる〟商品なのだ。

客が嫌いではないし、「おまとめローン」契約にはお客と信頼関係を構築する必要があり、そんなコミュニケーションも好きだった。何より、金利が安くなるため、お客から感謝されるというのも大きなモチベーションになった。

隣の席では同僚の山中さんが鼻息荒く電話で債務者をまくし立てている。

「あんた何回約束破るの？　先週、昨日までに入金するって言ってたよね？　入金してないよね！　できない約束しないでもらえるかなぁ。どうやって払うか、私に納得できるように説明してよ！」

山中さんが追い込んでいるこのお客、デックを含めて消費者金融に6件300万円近い借入れがある。もうパンク寸前だ。じつはこの数時間後、私はこのお客に「おまとめローン」の営業電話をかける予定だ。山中さんにはあえてムチをふるって悪役を演じてもらい、私がアメ役として「おまとめローン」を持ちかける作戦*である。

ある程度、強めに攻めるのはいいのだが、追い詰めすぎると電話に出なくなってしまうお客もいる。この2時間後、心配しながら携帯電話にかけてみると……、

「あっ、はい」

作戦
電話でアポを取り来店してもらった段階で、担当者にはそのお客の「営業権利」が発生する。複数の担当者が同じお客を争わないようにするための

「高津さまでいらっしゃいますね？」

「うぅ……あっ、はい……」

ため息まじりの返事で、おそらくどこかからの督促と思い込んでいるに違いない。ただ着信を無視することもできるのに、電話に出る。こういう生真面目さを持った人のほうが「おまとめローン」の顧客にしやすい。

「お忙しいところ、突然のお電話申し訳ありません。私、デックの加原井と申します。いえ、今回はお支払いの件ではございません。本日どうしてもお伝えしたいことがありましてお電話しました」

まず督促ではないことを伝えて、安心してもらう。本人も少し困惑している様子だ。

「高津さん、今、返済たいへんじゃないですか？　毎月、10万円を超えるお支払いですよね」

データが手元にあるため、このお客がどこからどれくらい借りて、デック以外にどこの返済がどれだけ滞っているか、すべてわかっている。

「じつは私、おまとめローンの大口融資担当の者なんです。このままじゃ借入れ

支店内の決まりだ。また、お客との会話内容はそのつどパソコンの顧客管理画面に記録（日付・会話内容・次回予定・架電した社員名）されるため、アポ取りの段階でも、ほかの人が追っかけている記録がある場合は遠慮する。社内的には、アポが取れていなければ、誰が営業してもいいことにはなっているものの、節操なく営業しすぎると、お客を取った・取られたで支店内の雰囲気もおかしくなるので、配慮も必要なのだ。

が減りませんよね。そろそろ他社の借入れも含めて一本化してみませんか？　おまとめローンなら金利も下がるので、毎月の支払いも相当下げられます」

「はあ、そうですねえ」

高津さんの口ぶりは前向きとも後ろ向きともわからないが、話は聞いてくれている。ここでもう一押しだ。

「正直な話、今のまま返済を続けてもらっていたほうが当社としては金利も高いし利益は出るんですよ。でも、他社の支払いもこれだけあるとキツいですよね。高津さんは当社とも長くお取引いただいていますので、ご協力しますよ」

このセールストークのカラクリを解説しよう。金利だけを比較すれば、現在高津さんが借りている「無担保ローン」のほうが高利なので「おまとめローン」よりもデックにとっては利益が出るのはたしかだ。だが、「おまとめローン」にすることで他社の借入れをデックに一本化するので貸付残高は増える。金利を下げても貸付残高が大きくなることでデックの利益は増える。ただ、その分、貸し倒れのリスクも増えるので、不動産を担保に取って債権保全を図るというわけだ。お客にとっては金利が下がり、月々の支払いが減るというのは大きいメリットだが、一方で大事な家を担保に取られるというデメリットもある。

　私はあくまでもゆっくりと丁寧に、あなたの味方ですという点を強調しながら説明する。すると、それまで口数の少なかった高津さんから質問が返ってくる。

「あのぅ、借金の一本化って本当にできるんですか？　以前、銀行におまとめローンの相談をしたことがあるんですけど、借入れ多すぎて審査に通らなかったんですよ。たしかにもう限界なんですよ」

　本音が出てきた。

「そうですか。われわれはある程度、お取引実績のある方を対象に独自の審査を行ないますから、銀行さんとはまったく審査基準が違います」

「そ、そうなんですか？」

　少し前のめりになってきたところを、私は高津さんを包み込むように言う。

「高津さん、今までよく頑張ってきましたよね。私たちも誰かれ構わず電話しているわけではないんです。＊まずは高津さんのようにきちんと電話に出る方、そして借入れに対して誠実に向き合っている方にしかこういったお話は持ちかけません。高津さん、もうこんな生活は終わりにしましょうよ」

誰かれ構わず電話しているわけではない
特別感を出すための営業トークでもあるわけだが、実際に「おまとめローン」の営業をかけるお客には条件がある。ほかで抵当権が付いておらず（住宅ローンがたっぷり残っている物件は当然不可）、できるだけ市街地に位置する物件であること。性格的には素直で真面目、借金に対して真剣（深刻）に考えている人だ。

ここでは「おまとめローン」の案内にとどめて、肝心の不動産担保については触れない。ここから先は来店してもらって対面のカウンセリングで進めるのが鉄則だ。

「高津さんにとって大切なお話ですから、一度ご来店いただいて、今後の流れなども詳しくご説明いたします。まとめた際の金利や毎月のお支払い額についてもそのときに具体的にお伝えしますね」

こうして私は高津さんから来店の約束を取り付けることに成功した。

来店時にはまたあらためて不動産を担保に入れてもらう条件でもうひと山越さなくてはいけないのだが、まずは対面してとっかかりを作ることが重要だ。

支店長のデスクに報告に赴くと、支店長の目がきらりと光る。

「おお、そうか、加原井は今月2件目のアポだな。よくやったぞ！」

支店長はあえてフロア中に響きわたる声で言う。ほかの社員へのプレッシャーの意味合いもあるのだ。

「おまとめローン」の成約数は本社によって管理されており、支店長の評価にも直結する。男性社員は基本的に貸付業務を行なわず、また回収業務はできて当たり前のため、評価にはつながらない。必然的に社内でアピールする機会は「おまとめローン」のセールスくらいしかないのだ。

私は出世など望んでいなかったが、支店長から褒められれば悪い気はしない。それが支店長の狙いであることは知りつつも、もう少し本腰を入れて「おまとめローン」の営業をやってみようかと腕まくりをするのだった。

某月某日　**無人契約機**：人の気配はないけれど…

消費者金融全盛期の1990年代から急激に増加したのが「無人契約機*」である。お金が必要だけど、消費者金融の店舗は入りにくいし、対面でやりとりするのはちょっと……というお客の心理に寄り添う画期的なシステム*だった。無人の個室で誰の目も気にせず機械相手に契約・カード発行・借入れまでを完結させる。

ただ「無人」とはいうものの、まったく人が干渉しないわけではない。無人契約機は、店舗に併設されているものと、ロードサイドに設置されているものがあ

無人契約機
酒やタバコの自動販売機が24時間稼働していることをヒントに「現金の自動販売機」として着想され、1966年に銀座通りに初めて設置された。製造メーカーは立石電機（現・オムロン）で、すでに取引のある客に対し

り、そのどちらも室内の様子が管理店のモニターに常時映し出されており、スタッフが監視可能だ。なかで何かあったら困るのでつねに監視しておける状況にしてあるのだ。

周りの目を気にしながら、忍者のようにスッと無人契約機に入る中年男性。入室すると自動で鍵がロックされ、外から侵入ができないようになり、プライバシーが保護される。

男性客はプライバシーが守られた空間にさっそくリラックスしている雰囲気で、無人機のガイダンスに従い、右手で借入れ申込用紙に記入しながら、左手で鼻の中をぐりぐりと掃除中。密室における人の行動はじつに面白い。終始貧乏ゆすりをしている人、鼻歌を通り越したボリュームで歌を歌う人、ズボンの中に手を入れ股間をぼりぼり掻いたかと思うとその手のニオイをクンクン嗅ぐ人……その生態はさまざまで*、ある時期、私は無人契約機内の監視カメラ視聴にハマってしまったほどだ。

数分かけて用紙の記入が終わると、無人契約機のガイダンスどおり、記入した用紙を契約機にスキャン。するとその情報が店舗スタッフに送られて、審査が始

て、事前に穴の開いたパンチカードが発行されて、金を借りたいときにこのカードを入れると2～10万円の現金が出てくる仕組みだったという。(『サラ金の歴史』小島庸平著、中公新書)

画期的なシステム 最初に自動契約機「むじんくん」を開発したアコムはあえて特許を取得しなかったため、他社も次々と類似システムを開発した。プロミスは「いらっしゃいまし～ん」、アイフルは「お自動さん」、武富士は「¥enむすび」、レイクは「ひとりででき太」。どういうわけかデックの自動契約機に愛称はなく、社内でもそのまま「自動契約機」とか「無人機」と呼ばれていた。

生態はさまざま これはクルマの中でも同

まる仕組みだ。基本は女性スタッフが対応するが、昼時、女性社員がランチで出払っていたりすれば、手の空いたスタッフが対応する。

申込用紙をチェックすると、「他社借入れ総額」と「勤務先電話番号」が抜けている。このままでは受付ができないので、不備を指摘*しなくてはいけない。

『お客さま、記入漏れがございます』

インターフォン越しにそう呼びかけると、男性はビクッと姿勢を正して、周囲を見回す。プライベート空間に安心し、他人に見られているなどと思ってもいなかったのだろう、慌てふためいた様子が伝わってくる。

『申し訳ございませんが、他社借入れ総額と勤務先のお電話番号をお願いいたします』

契約機上部にあるカメラを見つめながら、さっきまでのリラックスした雰囲気は消え去り、無言のまま背筋を伸ばして記載漏れ箇所を埋めていく男性。

無人機に来るお客で男性スタッフと話し込みたい人などいないため、これ以上余計な話はしない。聞くことを聞いたら「ではあとは無人機のコンピュータで……」と、あえてこれから先はわれわれスタッフは関知しませんという雰囲気を

様のことがいえるだろう。先日、運転中、対向車を運転する若い女性が鼻がめくれてしまうのではないかというほど人差し指を鼻に入れてほじくり回していた。「誰も見ていない」という油断は、時に恐ろしい事態を招く。

不備を指摘
お客側の借入れ申込書の記入漏れは困る。コンピュータはもれなく入力すれば簡単に判定してくれるが、逆に1つでも入力漏れがあると先に進まないのだ。

作って終わらせる。

無事に審査も通過。「審査」といっても、コンピュータに必要事項を入力し、エンターキーを押すだけで、貸付の可否から、貸付可能金額までが出てくる。

「30万円」これがこのお客への貸付可能金額だった。

契約からカード発行までスムーズに進み、借入れ限度額いっぱいの30万円を引き出したところで、男性の携帯電話が鳴った。

「うん、うん、今終わったところ。今から帰るから」

どうやら奥さんからの電話の様子。

「わかってるよ。カードはもうあるから、お金下ろしたら、*すぐ帰るから」

ここは銀行のATMじゃなくて、消費者金融の無人契約機。「下ろしたら」ではなく「借りたら」が正解でしょ。私は監視カメラ越しにつっこむ。

貸付可能限度額を「下ろした」男性は逃げるように無人契約機をあとにしたのだった。

下ろしたら
先日、パチンコ店を訪れたときのこと。隣の台で2人組のオヤジが並んで打っていた。大声でやりとりする会話を聞いていると、一人はずいぶんと負けが込んでいるようだ。しばらくすると、負けているオヤジが立ち上がり、もう一人のオヤジに向かって言った。「ちょっと金下ろしてくる!」。座っているオヤジが大声で聞き返した。「なに~⁉ おまえ、下ろす金あんのか?」。すると立っているオヤジが少しだけトーンを抑えて、「アイフルだよ」。暗証番号でお金が引き出せれば、キャッシュカードもサラ金カードも、自分の財布と一緒の感覚なのだ。

某月某日　何か隠している：ボケていませんよね？

「はい！　申し訳ありません。今日は朝からスタッフ全員で担保ローンの営業で電話させております！」

支店長が電話を持ったまま、起立してペコペコと頭を下げている。電話の相手は本社の役員らしい。U中央支店における「おまとめローン」の営業実績が未達だったため、つるし上げられている様子だ。

「今月こそ、どんな手を使ってでも支店目標を達成させます！」

「どんな手を使ってでも」ってどんな手だろう、と嫌な予感をさせつつも、「おまとめローン」の契約をもらわねばという使命感を胸に、私は見込み客リストとにらめっこする。その中から、もう2回ほどやりとりして、よい感触を得ている佐々岡さんへ電話してみる。

「もしもし、デックの加原井です。お忙しいところすみません」

そこまで言うと、

「はいはい、おまとめローンの件ですよね。今ちょっと手が離せないので昼休みにかけ直します」

はっきり言って、これは期待できる。折り返しの電話をしてくれるお客は「おまとめローン」に少なからず興味を持っている。今まで話した印象としても感触は悪くなかったが、そのときよりもさらに踏み込んで関心を抱いているに違いない。

佐々岡さんは52歳の女性。他社借入れ5件で借入れ総額350万円。もう限界ぎりぎりというところだろう。

佐々岡さんの住まいは母親名義の持ち家で、住宅ローンの残債もゼロ。登記簿上でもほかに抵当権は付いていない。しかも名義人である母親と佐々岡さんの2人暮らしなので、母親の承諾さえ得られればすべてがスムーズに進む。同居家族の多い家だと必ず反対者が出てくるもの*だが、そういう心配もない。

ここまで来れば、もう「やらない」という選択肢は存在しない。ただ、今までやりとりをした中で、私は佐々岡さんが何かを隠している印象を持っていた。

反対者が出てくる
トントン拍子で進んだ話ほど、最後に反対者が出てきたりする。50代の男

今日は阻害要因を明らかにし、クロージングまでもって行こう。覚悟を決めて電話を待っていた私のもとに昼すぎに折り返しの着信があった。

「佐々岡さん、折り返しのお電話ありがとうございます。お電話料金かかっちゃうんで、すぐに私から携帯にご連絡しますね。いったん電話を切ってお待ちください」

携帯の通話料は馬鹿にならない。お金に困窮しているお客にはこういう気遣いが必要なのだ。かけ直すとワンコールで電話に出る。

「前回もお話ししましたけど、これがいい機会だと思うんですよね。今の金利はけっして低くありません。お支払いは他社分も含めれば毎月10万円近いんじゃありませんか。もうこういうの終わりにしませんか？」

「いや……毎月キツいんですよ。おまとめローンでもいいかなとは思うんですけど、自宅を担保に入れないといけないんですよね？」

やはり自宅を担保に入れることに抵抗があるのか。ただこれはどんなお客にも共通の不安である。ここからは営業マンのテクニック次第だ。

「誤解してほしくないのは、うちは佐々岡さんの自宅が欲しくてこんなこと言っ

性と「おまとめローン」の契約を結ぼうとしたときのこと。事前の話では亭主関白ぶりをアピールし、「家のことはすべて俺が決められる」と豪語。ところが審査も通過し、契約の2日前になったところで奥さんと２人で来店。「あんたら、何やってんの！　こんな契約、冗談じゃない！」と奥さんが鬼の形相で抗議。契約は破談になった。名義人であることと、決定権を持っていることとは別の話なのだ。奥さんの前で小さくなっていた男性の姿が印象に残っている。

ているわけじゃないんですよ。失礼な話ですが、佐々岡さんの自宅を差し押えて売却したところで、裁判費用や諸経費を考えれば赤字です。正直、自宅の売却目的では商売にはなりません」

「赤字」は少々大げさだが、この話は事実でもある。不動産担保ローンというと、消費者金融業者が担保不動産を目的にしていると思われることがあるが、業者側からいえば間違いだ。われわれは不動産をもらうよりも、毎月の返済をしてもらったほうがいい。なぜなら、取り上げた不動産を金に換えるのがとんでもなくたいへんだからだ。バブルが崩壊して以降、都心の一等地は別として不動産はいつ売れるかわからないし、それを現金化する手続きも煩雑で時間がかかる。お客の中には「うちの土地が目当てなんでしょ」なんて口にする人もいたが、心の中では「あんたが持ってる田舎の土地なんてカネにならんよ」と思っていたくらいだ。

佐々岡さんは私の話を黙って聞いている。

「他社も含めての借入れを金利を下げて当社で一本化してもらい、毎月遅れなく完済してもらったほうがうちとしても利益が出るんです。おまとめローンでまと

母親がネック
多くの人は、消費者金融からの借金を家族に内緒にしている。ずっと内緒にしていた借金について「借金が膨れ上がったから自宅を担保にしたい」と家族に相談するのはなかなかハードルが高い。さらに銀行ならまだしも、消費者金融相手に自宅を担保にすることは恐怖でもある。だから私のよう

めれば毎月の支払いは5万円くらいです。今の半分です。佐々岡さんの生活はガラッと変わりますよ」

特段、目新しいトークはしていない。毎回同じ話の繰り返しだが、お客には洗脳に近いすり込みが必要だ。多重債務に陥っている人は、日々やってくる返済日に追いまくられ、それを乗り切ることに精一杯の生活をしている。「毎月の返済額が半分に」→「今より楽に」というイメージをお客の潜在意識にすり込むところから始まる。

佐々岡さんは返事をせずに黙り込む。きっと真剣に考えているのだろう。おそらく佐々岡さんにとって、名義人でもある母親がネック*になっていると考えた私は、「お母さまは借入れのことはまったく知らないんですか？」と聞く。

「いやぁ～、知らないというか……」

なんとも歯切れが悪い。やはり何かを隠している。そこをこじ開ける必要がある。

「もし問題なければ、ご自宅におうかがいして、お母さまにおまとめローンのご説明をさせていただきますよ。私どもはプロ*ですので、過去に何度もご両親に納

な「おまとめローン」担当は相手を安心させる雰囲気づくりが重要なのである。

私どもはプロ
営業マンはみなプロではあるが、その中でも成約率には大きな違いがある。セールストークの内容自体はみなそれほど変わらないが、できる社員は「聞く力」がずば抜けている。つまりうまくお客のフトコロに飛び込み、重要な情報を得る。長年の経験で実感したことだが、「おまとめローン」の契約は口八丁手八丁でどうにかなるものではない。債務者は目の前の社員が信用に足るかどうかを大きな判断材料とする。「この人にならまかせてもいい」と思ってもらうことがポイントで、そう思ってもらえる営業マンこそプロ中のプロなのだ。

得していただいてのローン一本化のお手伝いをしてきました」

するとと佐々岡さんは、

「じつは、母は年齢もあって、ちょっとボケてるところもありまして。いやっ、もちろん完全にボケてるわけじゃないですよ。調子の良いときとそうじゃないときがあるんですよ」

これはただごとではない。なぜなら、名義人が認知症なら契約はままならない。80をすぎた高齢者の場合、医師から判断能力がある旨の証明書も必要で、抵当権設定時に司法書士との面談もある。これをクリアできなければ本社の承認も下りないのだ。

「どの程度でしょうか？　受け答えはふつうにできる感じですかね？」

焦って質問をぶつける。

「でも、大丈夫です」

債務をまとめたい一心であろう、佐々岡さんは覚悟を決めたようにキッパリ言い切る。とりあえずは、この言葉を信用するしかない。

その日の夜、仕事が終わった佐々岡さんに来店してもらい、今後の流れを説明する。電話でのやりとりだけで顔を合わせるのは初めてとなる佐々岡さんは体型はふくよかだが、どことなく自信のなさそうな表情でハンカチを握りしめていた。

「現状の確認をさせていただきますと、当社を含めて6社からの借入れ、総額350万円ほどです。どこの会社もおそらく年利29・2％でしょうから、毎月の返済額は10万円近いお支払いになっているかと思います」

「はい。もう毎月、返済のために仕事をしているような感じで……まったく減っていく感じもしないですし、もうこういう生活を変えたいんです」

完全に乗り気だ。

「おまとめローンで一本化をすると金利が年利13％くらいに下がります。そうなると毎月の返済額は現在の半分の5万円ちょっとです。そうなったらかなり楽になるでしょう？」

支払いが半分になれば、楽になるのは当然だが、不動産を担保に入れれば、この当時、銀行なら年利5％程度。デックが勧める「おまとめローン」の年利13％は明らかに暴利ではある。ただ、銀行の不動産担保ローンの審査ハードルは高い。消費者金融の多重債務者が、銀行の低金利でローンの一本化はまず不可能*だ。こ

まず不可能
銀行でまとめられる人というのは、手遅れになる前の余力のある人で、もちろん勤務先や勤続年数や年収なども含めて一定基準を満たしていなければ審査には通らない。また、審査にも最低1カ月近くはかかる。

こにわれわれが食い込む余地が生まれる。

本来なら借り手は、金利や元金の減り方、返済額に対してどれだけが利息でどれだけが元金に充当するかなどを慎重に精査しなければならないはずだが、多重債務で首が回らなくなっている佐々岡さんにそんな余裕はない。とにかく毎月の負担がいくら減るのか、それだけが重要なのだ。

「まずは私どもが提携している不動産業者に担保評価の査定を出してもらって、その後、お母さまをお連れして病院で認知能力の診断をしてもらいます」

名義人であるお母さんの状態が気になる私は、そう断ってこの日の面談を終えた。

翌日、不動産登記簿謄本や住宅地図などの資料をまとめて不動産業者に査定の依頼*をする。不動産業者からは当日中にＦＡＸで回答が来た。

〈土地・建物で評価額１２００万円〉

おおよそ予想どおりである。融資上限額は担保評価額の70％、これがデックの規定であり、そうなると８４０万円までは融資可能。本人の年収なども加味しての判断になるが、３５０万円の借入れをまとめるには十分な評価額といえる。そ

査定の依頼
査定を行なうのは不動産業者だ。査定においては一定程度の基準はあるものの、担当者の裁量で甘めにすることも可能。甘く査定すれば、その分、融資できる金額が大きくなるので、われわれにとってはありがたい。つ

うなるとさらに気になるのがお母さんの〝ぼけ具合〟だ。

まずは医師の診断を乗り越える必要がある。認知症の診断には「長谷川式認知症スケール」が利用されることが多い。医師との受け答えで判断する簡易的検査だ。つまり、一定の判断基準はあるものの、医師の主観も入る。そうなるとカタイ医師より、融通がきく医師のほうがいい。

同僚たちに尋ねてみると、女性スタッフのひとりが「私、いいセンセイ、知ってるよ」と教えてくれた。彼女が言うには「女たらしで看護師に手をつけまくることでも有名で、2台の外車を日ごとに乗り換えて病院にやってくるセンセイ」らしい。〝いいセンセイ〟のような気がする。

善は急げ。さっそく女性スタッフに診察の予約を入れてもらうことになった。

某月某日　二人羽織：コンプライアンスなんて知りません！

当日、待ち合わせをしていた病院の駐車場に佐々岡さんの軽自動車が入ってく

きあいのある不動産屋はそのあたりの事情も考慮して不動産評価額を〝融通〟してくれていた。

る。助手席からは佐々岡さんに手を引かれてヨタヨタとお母さんが登場＊。足取りからも実年齢よりもかなり老けて見える。

「はじめまして。デックの加原井と申します」

とあいさつすると、蚊の鳴くような小さな震える声で「こ、ん、にち、は」と返答があった。心配がつのる。

3人で病院に入り、看護師に呼ばれ診察室に入ると、中年の〝女たらしで手当たり次第に看護婦に手をつけまくる〟ようには見えない医師が愛想のない会釈で迎えてくれた。最初に、今回診断を受ける経緯を私が説明し、診断開始。

医師がお母さんに向かって大きな声で問いかける。

「お母さ〜ん！　お名前は？」

無反応。おいおい、大丈夫かよ、と不安になる。医師がさらに大きな声で、

「お母さんのお・な・ま・え・は！」と聞くと、やっと「佐々岡清美」と返答が来た。「お母さんの生年月日は？」

「……昭和××年……9月の、5日」とこちらはすんなり回答あり。

「それじゃ、今日は何年の何月何日？」

お母さんが登場
お母さんを見た瞬間、私は「だまされた」と思った。悪い予感はしていたものの、予感を大きく下回る（上回る？）足取りだった。債務者の言う「大丈夫です」ほど、あてにならない言葉はないのだと今さらながら痛感した。

　また沈黙。医師も答えを待って何も言わないので、室内にただただ静寂が続く。3問目にして早くもつまずいている。冷や汗が出てきた。医師の顔も気のせいか険しく見える。しばらくしたところで「はい」と医師が質問を打ち切る。

「それじゃ、お母さん、知ってる野菜の名前を言ってみて」

「タマネギ……キュウリ……ニンジン……メガネ……」

「ん？　メガネ？」と思うものの、なぜか医師はスルー。

「お母さんは今どこにいるの？」

「……高橋病院」病院にいることは理解しているものの病院名が違う。佐々岡さんは私の耳元で「高橋病院はうちの近所の、かかりつけの病院です」と説明してくれた。

　医師は次に大きな箱を持ってきた。そして、お母さんの目の前に差し出し箱の蓋を数秒開けたかと思うと、さっと閉じる。

「お母さん、今この箱の中に何が入っていたか言ってみて」

　一緒に箱の中身を覗いていた私でもこれはよくわからなかった。

「ん？　ん〜ん……あぁ〜」

案の定、お母さんもわからない。これは「物品再生」といって、箱の中にハサミや時計、コイン、ペンなど5つの物が入っており、それを答えるテスト。[*]本当の手順がどうなのか知らないが、なんの前置きもなく、いきなり箱の中身を見せて「何が入っていたか？」と聞かれたら、ほとんどの人が答えられないだろう。

ということで、診断の手応えは皆無。

「大事なローンの審査に関わるものなので、なにとぞよろしくお願いします」

私が丁重に現金1万円の入った封筒を差し出すと、医師は眉毛をぴくっと動かしてすんなり受け取った。

これはダメだったかもしれないなあ。会計を待っているあいだ、佐々岡さん親子と私は無言でいたたまれない時間をすごす。

十数分後、会計時に事務員が差し出してくれた診断書には「問題なし」との所見。[*]付け届けの効果なのか、予期せぬ合格通知を受け取った受験生のように喜びが湧いてきたが、心のどこかにはこんなテストで大丈夫なのかという心配もうずく。

ふだん外出しないお母さんもかなりお疲れの様子でもあり、この日は佐々岡さ

答えるテスト
「長谷川式認知症スケール」ではほかにも「100引く7はいくつですか？」「そこからさらに7を引いたら？」とか、「5、8、2」と言い「今、言った数字を逆から言ってみてください」といった問題が出される。やらされたら、私もおぼつかない気がしてちょっと怖い。

「問題なし」との所見
診察室を出る間際、医師は私に向かって「まぁ、また何かあったら相談してくださいよ」と言っていたが、今後もイカサマ

んに審査通過後の流れだけ説明して、解散となった。

変な疲れを引きずって帰社すると、佐々岡さんの担保評価含めて、本社から「おまとめローン」審査の承認が下りたこと*を告げられた。

私はさっそく佐々岡さんに連絡を入れる。

「佐々岡さん、おめでとうございます！　無事、審査の承認が下りました。ご契約はご自宅におうかがいしますので、よろしくお願いします」

「良かった〜。本当にありがとうございます」

佐々岡さんもほっとしたようだ。こうしてお客に感謝されれば、悪い気はしない。実際に佐々岡さんの金利は安くなり、返済額も下がる。生活を立て直すきっかけになるかもしれない。ただ、私にはもうひとつ心配があった。

「ところで、担保提供者のお母さまにいくつか書いていただく書類があるのですが大丈夫ですか？」

「まぁ、調子のいいときと悪いときがありますけど、たぶん大丈夫です」

契約日当日、私は支店長とともに佐々岡さんの自宅を訪問。というのも、お母

診断書の作成に加担してくれるという意味だったのか。それ以来、この病院に行ったことはない（自分が病気になっても、ここにだけは行くまいと心に決めている）。

審査の承認が下りた　基本的に審査は支店で済ませており、本社が行なうのは書類がすべて揃っているかといった形式的なものだった。私の知る限り、支店が通した審査について、本社がＮＧを出したことは一度もなかった。

さんの事情を伝えると、その状態を危惧した支店長が「念のために俺も行っておこうか」と腰をあげたのだ。支店長も本社にこの案件を「確定数字」として報告してしまっており、今さら「契約できませんでした」というわけにはいかないのだろう。

なかへ通されると介護用ベッドに薄目を開けて横たわるお母さん。あまり調子がよさそうには見えない。まず契約者である佐々岡さん本人に契約書類を含めた必要書類に記入してもらう。何枚もの書類に「氏名・住所・印鑑・氏名・住所・印鑑……」と同じ作業を繰り返していく。

それが終わると本日のメインイベントが待っている。お母さんの署名・捺印だ。電動で介護用ベッドの背を起こし、佐々岡さんがお母さんにペンを握らせる。

「お母さん！　ここに、名前と住所、書いて」

お母さんは目を半分閉じて「うぅ〜」といううめき声。佐々岡さんの言う「調子の悪い日」だ。佐々岡さんは見るに見かねて「もう、そちらで書いてもらってもいいですよ」と言うが、さすがにそれでは完全な不正になってしまう。すると支店長が私に「加原井、お母さまの後ろに回ってサポートして差しあげろ！　俺は紙を押さえている」との指示。

私は背後に回り込み、お母さんの右手を握ってペンを持ち、書類に書き込んでいく。こうなると「サポート」なんてレベルじゃない。ほとんど背後霊の自動書記状態。

「お母さん、頑張れ！　頑張れ！」佐々岡さんがお母さんを応援。

「加原井、もうちょっとだ！　頑張れ！」支店長も私を応援。

「うぅ〜……」と地獄の底から聞こえて来るようなうめき声をあげるお母さんの後ろで汗をかきながらの二人羽織。コンプライアンス*なんてあったものじゃない。

そして、後日行なわれる最後の関門が抵当権設定のための司法書士との面談。司法書士は支店長の知り合いであり、年間数十件依頼している〝身内〟だ。予定どおり、「問題なし」で事を終えた。やはり医師も司法書士も所詮は「商売」。利益をもたらす相手にはおおらかなものである。

とにもかくにも、こうしてデックの主力商品「おまとめローン」によりローンの一本化は完了し、佐々岡さんの毎月の返済の負担は軽減することができた。

コンプライアンス
このとおり〝コンプライアンスゆるゆる〟なデックだったが、時代の趨勢にあわせてか、社内で「コンプライアンス研修」が開催されるようになった。研修内容は「法令遵守マニュアル」の読み合わせ。鬼塚課長がマニュアルを読んだあと、社員が続けて同じ内容を全員で復唱する。今まで「法令遵守」とはもっとも縁遠い仕事をしてきた鬼塚課長がコンプライアンス指導を行なうのだ。読み合わせがスタートすると、鬼塚課長は開口一番、「ホーレイソンシュー！」。「遵守（じゅんしゅ）」を読み間違える。その後も「ホーレイソンシュ」を連呼するわけだが、誰もその間違いを指摘できない。課長に恥をかかせないため、社員全員で「ホーレイソンシュ！」を大合唱するのだった。

しかし、われわれ社員にとってはこれで一件落着とはならない。ローンを一本化して他社借入れ件数が減少したお客には、融資枠を増やせる新たなビジネスチャンスがあるのだ。早くもこの半年後、私は佐々岡さんに営業の電話をかける。

「いつもご返済、ありがとうございます。佐々岡さんは特別お取引が優良なもので今回新たに30万円増額融資が可能となったんです。ご興味はありますでしょうか？」

佐々岡さんは間髪容れず「あらっ、お願いします」。

借金に慣れてしまった人は「増額」という言葉を聞くと脳内から幸せホルモンが分泌されてしまうのかもしれない。

「おまとめローン」を使ってしまった佐々岡さんの道行きには、あとのない断崖絶壁が待ち受けているのである。

某月某日 支店長、喜怒哀楽：心温まる（?）話

U中央支店に新しい支店長*が赴任することになった。

消費者金融の支店長は、業務量が多くストレスも尋常ではない。一癖も二癖もあるスタッフの管理から、日々の貸付残高と返済の回収率の管理、さらに本社から求められる「おまとめローン」のノルマと気の休まる暇がない。やりたくない仕事が何かと聞かれたら、「消費者金融の支店長」と答えるだろう。

そのせいかこれまでの支店長には風変わりな人も多かったのだが、新任の重岡支店長は柔和な笑顔とハキハキとした受け答えは学校の先生を思わせ、これまでの支店長にはいないタイプ。数週間してわかったのだが、おおらかな性格で威張らないし、下の者の面倒見もよい。そのうえ、率先して汗をかくから、じつに働きやすいのだ。

いつもどおり、私が「おまとめローン」の接客をしていたときのこと。来店してもらった石井さんは「おまとめローン」に興味がある雰囲気を出すわりに、説明しても答えを出さない。断るわけでもなく、やるわけでもなく、私と石井さんのあいだではもう4、5回同じやりとりが繰り返されていた。相談窓口の席に通して、面談が始まる。

新しい支店長
デックでは支店長の異動も頻繁で、今回新たに赴任した重岡店長で、最初にお世話になったU支店の大橋支店長から数えて、じつに8人目。私もデック在籍中に十数人の支店長につかえたことになる。

「石井さん、まだ決めきれない感じ？」

すでに石井さんの対応に面倒くささを感じている私の口調もおのずと雑になる。

「あぁ、おまとめねぇ。まとめられたら楽だよなぁ。借金で首が回らねぇんだからよ。んで、家を担保に入れればできんだっけ？　でも、それはしたくねーよなぁ。家取られちまったら宿無しになっちまうからよぉ」

前回の来店でもほとんど同じ話をした。石井さんには決断を下す気がない。

「いや、だから石井さんの家が欲しいっていうことじゃなくて……」

すると石井さんは「おまとめローン」のカタログをめくりながら「そういや、昨日の競馬でよ……」とまったく関係ない話に脱線していく。こんなお客*を相手にしている時間があるなら、ほかの業務をしたほうがマシだ。そこへ重岡支店長が登場する。

「石井さま、いつもお世話になっております。支店長の重岡です」

私は安堵して、支店長に丸投げ態勢。このお客をどうさばくのか、お手並み拝見である。

「石井さま、だいたいのお話は加原井からさせていただいていると思いますが、

こんなお客
消費者金融にやってくるのは挙動のおかしなお客も多い。40半ばの独身の坊主頭の男性。店頭に来たときもキョロキョロと入口を気にして、「誰かにつけられている」とのこと。スマホのカメラのレンズにはアルミホイルが貼り付けられていて、「これはなんですか？」と聞くと、「ここから監視されている可能性があるので塞いでいる」と言う。審査してみると、他社借入れ3件、借入れ総

私からも少し補足させてくださいね」

「あぁ、聞いてるよ。借金まとめてあげるから家を担保に入れろって話だろ？　俺はそこまで切羽詰まってねーぞ。そんなことしたら終わりだもんな」

　重岡支店長は表情を変えない。

「なるほど。ところで、さっきチラッと聞こえてきたんだけど、石井さん、競馬やるの？　昨日どの馬券買ったのよ？」＊

　支店長が水を向けると、石井さんは目を輝かせ、競馬新聞を広げて持論を語り出した。支店長も「それで、それで？」とこの不毛な時間につき合っている。30分も競馬の話をして満足した石井さんに「コーヒーのおかわりいかがですか？」と聞く。横で見ている私も支店長のまどろっこしい対応に少し苛立ち始める。

「おう、もらおうかな」と石井さんも上機嫌。コーヒーのおかわりを私が差し出すと、

「いやぁ、俺も夜勤明けでこれからまた運転して帰らなくちゃいけないから、眠気覚ましにコーヒーは最高だよ。コーヒーにはネスカフェが入ってるからシャキッとするよな」


額80万円で、他社への返済遅れもないので貸付OK。「おいおい、大丈夫かよ」と思いつつ貸し付ける私であった。


競馬やるの？

こう見えて、私は競馬が嫌いだ。昔、天皇賞で単勝オッズ1・5倍の1番人気「ビワハヤヒデ」という馬の30万円1点買いで大勝負をしたことがある。誰もが鉄板と疑わなかったこのレース、ビワハヤヒデはなんと「屈腱炎（くっけんえん）」で故障し、まさかの5着。よく「目の前が真っ白になる」などというが、これは本当だ。このときばかりは私も目の前がスーパーホワイトになった。それ以後、競馬は大嫌いで、馬を見るのも嫌なくらいのトラウマになっている。今でも馬面の人間を見るだけでも嫌悪感を覚えるほどだ。

おそらく「カフェイン」のことだろう。何がネスカフェだ、とうんざりする私の隣で、重岡支店長はおもむろに石井さんの前でB4サイズのコピー用紙を広げる。

「最後に石井さんにちょっとお得なお話だけ聞いて帰ってもらいたいんです」

支店長はサインペンを握り、紙の右側に、現在の石井さんの借入れ総額と毎月の返済額を書き出す。その左側にはまとめたあとの金利と毎月の返済額を書く。小難しい言葉はいっさい使わない。「借入れ額」ではなく「借金」、「返済額」ではなく「返すお金」、「金利」ではなく「消費者金融が儲けている、石井さんにとってはムダなお金」。

用紙の余白には、消費者金融のビルを描いて、その6階から1階までを石井さんが返済して歩くイラストを描き、フキダシに「月1回1カ所へ返済！」と大書きした。

石井さんはこの用紙を折りたたんで財布にしまい、支店をあとにした。

石井さんが支店から出たあと、重岡支店長は私に向き直った。

「ああいうお客さんには小学生でもわかるように説明してあげないと。それと今の段階で『担保』という言葉は使わないほうがいい。まず目先の損得勘定*を説明して、お客さんの中でメリットが大きくなったら、そこで初めてこっちを向くようになる。『担保』はお客さんにとってデメリットでしかない。本人の中でメリットがデメリットを上回ったときにはじめて、そのデメリットを背負う覚悟ができるんだよ」

実際に石井さんはこの３カ月後、あれほど嫌がっていた「おまとめローン」の申し込みをすることとなった。恩を着せるわけでもなく、淡々とフォローして成果を上げる重岡支店長を私は尊敬していた。

赴任して半年後、重岡支店長が社内結婚することとなった。お相手は一時期、U中央支店にも在籍していた、すらりと背の高い綺麗な女性である。すでに奥さんは妊娠しており、結婚に踏み切ったのもそういう理由からであろう。

「俺も子どもができるからな」とさらに仕事を張り切る重岡支店長。スタッフも支店長を信頼し、U中央支店もかつてなくいい循環で回るようになっていた。

さらに半年ほどがすぎた奥さんの出産予定日のこと。仕事中の支店長の携帯が

目先の損得勘定
債務者には物事をトータルで計算しない人が多い。たとえば余裕のあるときに月々の約定返済額より多い金額を返済すれば、借金の総額を減らせるのにそれをしない。単純に今の財布の金が減るのがイヤなのだ。だから高い金利でもずるずると借入れを継続し、最終的に莫大な金利を支払う結果となる。エラソーに講釈をたれる私自身も例外ではなく、約定返済額以上の金額を返済したことは一度もない。

鳴る。「はい、はい。わかりました。すぐに向かいます」

子どもが生まれた連絡だろうと思っていると、どうも支店長の表情が険しい。支店長はフロアを飛び出して、そのまま奥さんのいる病院へと向かった。

数日後の朝礼、休みをとっている支店長に替わり、鬼塚課長からの報告があった。重岡支店長のお子さんは無事生まれたものの、奥さんは出産時に脳の血管が切れて亡くなったという。この時代にそんなことがあるのだろうか。社員一同は沈痛な面持ちでうつむいた。

われわれU中央支店のスタッフ一同も葬儀に参列することとなったが、支店長が生まれたばかりの赤ん坊を抱きかかえ泣きながらあいさつしている姿が脳裏から離れない。

だが、大きな責任を背負った支店長*には絶望に浸る時間さえ与えられない。葬儀の次の日には職場に復帰し、すぐに接客、スタッフ管理、本社からのノルマ対応という日常が始まるのだ。

赤ちゃんは実家の祖父母に預け、自宅・会社・実家を行ったり来たりの生活が始まった。そして、重岡支店長は男腕一本でわが子を無事に育てあげたのだ。

大きな責任を背負った支店長
日々の貸付率、回収率、完済率が本社によって厳しくチェックされるのだからたまらない。貸付や回収なら努力でなんとかできる部分もあるが完済に関してはお客の都合でどうにもならない。ある支店長はストレスで円形脱毛症になった。

……となれば、心温まる話なのだが、残念ながらわが消費者金融業界にそんな良い話は転がってはいない。

じつは重岡支店長はほぼ1年後、Ｕ中央支店で一番の巨乳スタッフと再婚する。それだけではない。重岡支店長のクルマがいつのまにかＢＭＷの新車になっている。口さがない社員たちが「前の奥さんの保険金で買ったらしい」と噂する新車に乗って、重岡支店長は今日も新たな人生を謳歌するのだ。

某月某日　身売り：二流サラ金からシティグループへ

朝礼に珍しく鬼塚課長が出席している。

「今日はみなさんに重要なお知らせがあります。われわれデックは、アメリカのシティバンクの傘下に入ることになりました。社名は、シティ・ファイナンシャル・ジャパンを略して、ＣＦＪ株式会社になります。というわけで、今後はみなさん方もシティグループの一員ということになります」

まさに寝耳に水の知らせ*だった。鬼塚課長によると、「俺も聞いたのは1週間前だぁ〜」ということだから、会社は末端社員の知らないところでどんな動きをしているかわからない。

それからしばらくのあいだ、社員間では「給料は一律でアップするらしい」「いや、経費削減で減らされるようだ」「どの店も支店長は全部替わるそうだ」といった噂話で持ちきりになったが、われわれ社員は肩書き上、ＣＦＪ株式会社の社員となったものの、店舗の名前や看板は相変わらず「デック」のまま。給与もそれまでと変わらず、支店長も同じで、営業方法にも変化はなかった*。たしかにお客からすればＣＦＪなんてなんのこっちゃわからず、彼らにしてみれば「デックさん」のほうがなじみがある。

そこからは怒涛の勢いで、シティは中小の消費者金融を買収し始めた。さすがに資金力が半端ではない。アイク、マルフク、ユニマットレディスといった中小の消費者金融が次々と買収され、ＣＦＪ株式会社はあっというまに貸付残高業界3位までのぼりつめることになる。

変わったものといえば、デックの古参社員である鬼塚課長である。「シティ」

寝耳に水の知らせ
もともとデックは大手流通・D社グループの傘下にあったのだが、D社の業績低迷もあり、別法人の子会社になっていた。それがさらにシティバンクに身売りされることになったわけだ。

変化はなかった
課長以上の社員バッチには、シティグループに使われている「赤い傘マーク」のロゴが入った。われわれヒラ社員のバッチはこれまでどおり、デックの「Dマーク」のままだった。シティのロゴ入りバッチを手に入れた鬼塚課長は「まいったな〜。俺のバッチ、シティのマークになっちまったよ。俺は前のバッチのほうが

のブランドを背負った課長は自らも一流に昇格した気分。たいした連絡事項もないのに、「シティグループの課長」として、頻繁にスタッフを集めてミーティング。夜、飲みに行く際にはシティのロゴマーク入りのバッジを装着。キャバクラでも絶好調だ。

「シティグループ傘下」が功を奏することもある。来店した辻さんとはこれまで何度も電話でやりとりしている。辻さんの借入れ件数はデックを含めて5件、総額３００万円近く。「おまとめローン」を勧めているが、まとめたい気持ち３割、自宅を担保に入れることへの拒否感7割といったところだ。

辻さんは開口一番、「なんとか無担保でまとめられないかな？」と聞く。

「辻さん、無担保でこの金額をまとめてくれるところはさすがにどこもありませんよ。今の家を買うとき、住宅ローンを組みましたよね。そのときだって銀行さんが担保として抵当権つけたでしょ？　それと同じですよ」

ここはあえて感情を込めずに淡々と説明すると、辻さんの表情が曇る。

「いや、こう言ったら失礼だけど、銀行の担保と消費者金融の担保とじゃ、全然

好きだったんだけどなぁ〜」と言って、われわれに見せびらかした。

イメージが違うよ」

　同じ金融業といえど、銀行と消費者金融では天と地ほどイメージが違う。金融業界の「光」と「影」といっていい。

「辻さん、うちはデックで看板出していますけど、じつは今は社名も違うんですよ。現在はアメリカの大手銀行シティバンク*の傘下になっている、言うなれば銀行系です。シティの日本法人なんです。だから社名もＣＦＪ株式会社に変わったんですよ」

　私はＣＦＪと印刷された新しい名刺を差し出した。

「ほう、なるほど」辻さんの表情がゆるんだ。ここで一気呵成《かせい》に仕掛ける。

「ですから仮に、辻さんが当社でおまとめローンを組んで自宅を担保に入れても、法務局に登録される登記簿謄本の抵当権にはデックなんて名前はいっさい出てきません！」

　デックにいながら、ここぞとばかりにデックを貶《おとし》める自分もわびしいが、辻さんはまんざらでもなさそう。

「あくまでＣＦＪ、つまり銀行の名前で抵当権がつくのです。だから、登記簿謄

大手銀行シティバンク　シティは日本の消費者金融業者をグループの傘下とはしたものの、表向きにシティの名前を出すことはなかった。日本の消費者金融部門などいつどうなるかわからない。のちの撤退まで視野に入れてのことだとしたら、なかなかの深謀遠慮である。

本を見たってサラ金から借りているなんてわからないんですよ！」

そもそも登記簿謄本なんて誰も見ないにもかかわらず、ドヤ顔で説明する。

多くのお客は銀行ブランドに弱い。長年、消費者金融に勤めていると、「銀行＝安心」「消費者金融＝不安」という印象を持つ人がいまだに多いことを実感する。私だってこの仕事に就く前はそうだった。だから、こういう説明が効果を発揮するのだ。

そして、辻さんも最終的には無事「おまとめローン」の契約を結ぶ。日本人はやはりブランドに弱いのだ。

某月某日　斜陽産業：貸し倒れ件数の増加

２０００年代半ばになると、消費者金融業界全体にかげりが見え始めた。

デックでは、日々の会社全体の貸付額や貸し倒れ額などのデータが、日報として社員全体で回覧されていた。私は日報を真剣に見ていたわけではないが、それでも眺めているだけで会社や支店の状況はわかる。U中央支店でも、目に見えて延滞客が増え始め、貸し倒れ件数も増加していった。

その理由のひとつに「弁護士介入*」がある。これまでのお客は「払う」か「逃げる」かだったが、このころから弁護士介入による「逃げもしないが払いもしない」お客が増えた。

CFJも一気に貸付残高業界3位にのぼりつめたとはいえ、所詮は二流・三流の債権の寄せ集め、その内容はけっして良くない。大手の審査で「他社利用3社まで」となっているところが、CFJでは「他社利用7社までOK」、つまり審査基準はガバガバで、増えた貸付残高は多重債務者によって支えられている。

鬼塚課長がキャバクラでブイブイ言わせていたのもほんのつかの間、業界には恐ろしい影が忍び寄っていたのだ。

朝のミーティング、われわれ社員には「午後イチに必ず会社に戻ってくるように」という指示が出された。というのも、今日はシティの傘下に入って初めての社長臨店だからだ。CFJの社長には親会社のシティから外国人社長が着任して

弁護士介入
債務整理の依頼を受けた弁護士や司法書士が、金融機関などの債権者に「代理人として手続きを進める」ことを知らせる受任通知（介入通知）を送ると、通知を受け取った側は、督促や取り立てを一時的にストップしなければならない。

いた。外国人社長がわざわざU市くんだりまでやってきて何をするというのだろう。

社長が来てても来なくても毎日の業務は続く。今日もまた回収*である。クルマを30分走らせ、到着するとお約束のゴミ屋敷。インターホンもないボロ家のため、「こんにちは！」とそのまま引き戸を開ける。

と、目の前の薄暗い居間で人影がモゾモゾと動いている。私も驚いたが、人影も動きを止めて、こちらに顔を向ける。どうやら若い男女のようだ。

「失礼しました。インターホンが見当たらなかったし、呼んでも反応がなかったもので……。私、デックの加原井と申します」

男女は動きを止めたまま、じっとこちらを見つめている。

「お父さんかお母さんいる？」

そう聞くと、男のほうが何も言わず奥の部屋へと姿を消した。部屋の中が異常にシンナー臭い。ひとり残された女性はたぶんまだ二十歳そこそこ、下手をすれば高校生だろう。呆然として何も答えない。

「ご両親いる？」私が再度、より強めの口調で問うと、女性は「仕事」とだけ

今日もまた回収
このころになると、貸付担当の女性スタッフと、回収担当の男性スタッフとのあいだで対立が起こり、社内がギスギスしていた。「誰でも彼でも節操なく貸し付けやがって。あいつらの尻拭いは全部こっちだろ」と男性社員が言えば、「督促部屋で勝手にやってて気楽なもんね。あれじゃ回収率も上がんないわ」と女性社員が愚痴る。会社の業績が悪くなると、社内の雰囲気も悪くなっていくものなのだ。

コンビニ弁当
昼休憩は1時間とされていたが、時間短縮を考えて外食ではなくコンビニやほか弁というパターン

ぶっきらぼうに答える。これ以上話しても埒が明かないと思った私は集金に来た旨を督促状に書き込み、「これ、ご両親に渡しておいて」と言って玄関先に置いた。

　すると女性はニタァと薄笑いを浮かべてつぶやいた。

「オジさん、アタシとヤリたい？」

　笑って剥き出しになった歯はボロボロだった。私は何も答えず引き戸を閉めて、その家をあとにした。

　私は帰りの車中、さきほど見た家の子を思い出し、悲しくなる。学校にも仕事にも行かず、電気すら止められた部屋での動物のような生活。まるでブリーダーが飼育放棄した犬小屋だ。実際、回収業務の中で私はこうした生活を何度も目の当たりにしてきた。こうした現場は何度見ても慣れることがない。

　会社に戻り、暗い気持ちのままコンビニ弁当*をかき込むと、13時には鬼塚課長を含め支店スタッフ全員が揃って待機。予定時刻ピッタリに本社の役員とともに長身の外国人が入店してきた。きっと彼がＣＦＪの社長なのだろう。高級そうなスーツに身を包み、香水の匂いをぷんぷんさせている彼を、さっき見た犬小屋の

が多い。ある日のこと、支店最寄りのコンビニで弁当とお茶を買いレジに並ぶと長蛇の列。どうやら新人店員らしく、明らかに手際が悪い。ふだんなら仕方ないとあきらめるところだが、午前中に債務者ともめていた私はイライラがつのる。ようやく順番が来て弁当を差し出すと、レジの操作を間違ったらしく、ピーー！という電子音が鳴ってレジが止まった。「ちょっと、昼の忙しいときに勘弁してよ！」。私は思わず暴言を吐いてしまった。すると周囲のお客が「そんな言い方しなくても」「新人さんなんだからしょうがないじゃない」とざわつき始める。コンビニ中を敵に回した私は引っ込みがつかなくなり、「もう、いらねーー！」と商品を置いて逃走。店を飛び出したあとで冷静になり、大人げない言動を

ような家に住む女性とくらべて、頭がクラクラしてくる。

まずは社長のあいさつとなるが、日本語は話せず、彼の言葉を横についた女性通訳がいちいち訳していく。10分弱のスピーチの締めに社長がひと際大きな声で叫ぶ。

「キミタチノゥ、ミライハ、アクルイ！」

自信満々にわれわれの姿を見渡しながら、満面の笑みで親指を立てる。「社長臨店」の儀式が済むと、外国人社長*はそのままあわただしく次の支店へと移動して行った。

自信満々にそんなスピーチをされても、延滞・貸し倒れが増え、とてもじゃないが「アクルイ！」未来など想像できない私は、白々しい気持ちになるのだった。

某月某日　足抜け：去っていく同僚たち

業績が悪くなれば、それに応じて会社の体制も変わる。デックでは「残業禁止

深く反省した。気の小さい私はそれ以来このコンビニの敷居をまたぐことができなくなり、５００メートル先のコンビニに行く羽目に。短気は損気とはこのことである。

外国人社長　当時は「あのシティから送り込まれたスーパーエリート」という認識だったが、今考えれば〝得体の知れない〟日本の企業に送り込まれるこの人も、シティの中ではお払い箱だったのかもしれない。そういう意味では気の毒な話である。

令」が社内通達された。

それまで、われわれ社員は、残業代の恩恵を大きく受けていた。毎日の残業代と月に数回の休日出勤手当で毎月10万円ほどが給料に加算されていた。それがそっくり消えてしまうのだ。心穏やかでいられるはずがない。

「カミさんになんて言えばいいのよ〜。もう生活できなくなっちまうよ。明日からうちは毎日納豆メシだぁ」

同僚の内藤さんは笑いながらそう嘆いた。本音半分冗談半分だろうが、この残業禁止令は私にとって冗談では済まない、深刻な事態だった。

このとき、私には住宅ローンに加え、クレジットカードで作った借金が総額350万円に膨らんでいた。借金の金額が増えても、収入が安定していれば、自転車操業の自転車はこぎ続けることができる。問題は収入を失ったとき、あるいは収入が激減したときだ。車輪は止まり、自転車は倒れる。

社内の不穏な空気をいち早く察知したのか、U中央支店の亀田支店長が私に言ってきた。

「加原井、悪《わり》ぃ。俺はイチヌケさせてもらうわ。おまえも早めに身の振り方を考えといたほうがいいぞ」

この業界に長くいた人ほど、金の流れに敏感だ。退職を聞かされたその翌月、亀田支店長はCFJを辞めて、転職していった。それに続くかのように、デックU中央支店からも社員が続々と退職する。「納豆ご飯」の内藤さんも退職し、軽貨物のドライバー*の職を得た。上手《かみて》（大手消費者金融）から下手《しもて》（中小消費者金融）への転職は可能だが、その逆はハードルが高い。そして、別業種で、この業界の〝スキル〟を活かせる転職先を見つけるのはより困難だ。彼らの転職先は、万年人手不足の建築業界や運輸業界がほとんどだった。

そうこうしているうちに、大手のアコム、プロミスの有人店舗が目に見えて減少していき、それに続くようにアイフル、レイクも駅前の店舗を除き、ロードサイドの店舗は軒並み閉鎖されていった。

デックでもロードサイドのU中央支店が閉鎖となり、私は古巣である駅前のU支店に異動することとなった。

軽貨物のドライバー
内藤さんは退職時、私にこう言った。「カミさんの実家が運送会社を経営しているので、その後継者として仕事をすることになった」。それを聞いたときは心底うらやましく思っていたが、その後、同僚が「赤帽」で配達中の内藤さんを目撃する。人は退職するときまで見栄を張るものなのだろう。

U支店への異動から半年ほど、首の皮一枚で会社に残っていた私にもついにリーチがかかった。本社の課長に呼ばれ、東京にある「債権管理センター」への異動を打診された。「債権管理センター」には、次々に閉鎖されていった店舗の債権が集められる。いわば〝債権の最終処分場〟だ。ここでは債権の管理、回収、貸し倒れ処理などが行なわれる。閉鎖店舗が増えるにしたがって、「債権管理センター」に集められる債権が増え、事務作業も膨大になっていた。

「知ってのとおり、債権管理センターは今、人手が足りない。ぜひ加原井君の力を借りたいのだが」

単身者であれば、地方からの移住も容易だろうが、私のように既婚者で住宅を購入していれば、単身赴任は難しい。斜陽産業であるこの業界にそこまでしてしがみつこうとする社員はいないため、事実上の肩たたきである。さすがは外資、落ち目になったときの対処法もじつにスマートかつスピーディーだ。

私も「とうとう来るときが来た」と覚悟はできていた。妻には以前から「東京の債権管理センターに異動の話が来たら退職する」と伝えてあった。私は「退職します」と即答した。課長もこの答えを予期していたようで「そうか、わかっ

S社へと転職

転職後、しばらくのあいだ私は顧客対応に追われた。私がなりふり構わずローンの一本化を促した「おまとめローン」の顧客である。「おまとめローン」のお客は無担保のお客と違い、ローンを組んでもらうまでに信用を勝ち取るための人間関係の構築に時間を要する。成り行き上、会社の電話だけでなく個人の携帯でのやりとりも頻繁になるため、個人携帯を伝えて勤務時間外に相談することも多々あった。だから、私が退職したことなど知らずに「立浪ですけど、ちょっと今月厳しいんですよ。なんとか月初まで待ってもらえないですかねえ」なんて電話が個人の携帯にかかってくるのだ。そもそも不動産を担保に取られているお客は

た」とうなずいた。

この仕事に大がかりな「引き継ぎ」は存在しない。デスクにある自分の身の回りのものを整理し、事務的に退職書類を提出して終わりだ。

ともに働いてきた仲間はもうどこにもいない。退職を相談する人も、退職を止めてくれる人もいない。この状況下、私の退職を止める人がいたら、それはそれで無責任極まりないだろうが……。

こうして私は、知り合いの伝手《つて》を頼りに、デックよりも規模の小さな消費者金融業者・S社へと転職*することになった。

必死さが違う。もちろん会社を辞めた私にはなんの権限もない。「立浪さん、ごめんね。私、デックを退職したんですよ。今から債権管理センターの連絡先を教えますから、今後はそっちに相談してみてください」。転職直後から半年間にわたってそんな電話のやりとりが続いた。この仕事の責任の重さを、退職してからあらためて思い知らされたのだ。

第4章

お金に教えられたこと

某月某日　あんた責任取れんの？：時代は法令遵守

続々と退職していく同僚たち*の多くは異業種に転職していった。だが、私は同業のS社を選択した。S社は100名ほどの社員を抱える消費者金融業者で、T県を中心に複数の店舗を運営していた。

この業界から足を洗おうという迷いがなかったわけではない。ただ、競合他社が淘汰《とうた》されていき、激しかった生存競争が一段落し、景気も回復すれば、この業界はまた持ち直すのではないかという淡い期待もあった。

長年、多重債務者と向かい合ってきた経験から、欲しいものややりたいことがあれば、借金してでもなんとかする人がいることを実感した。時代が変わっても、そういう人たちは存在し続ける。消費者金融のニーズは絶対なくならない。私はそう信じていたのだ。

知人の紹介で臨んだS社の面接では、経験者であることと、シティグループの

同僚たち　一時期、親しく付き合った竹原さんも石松さんもこの時期にデックを退職した。独身の竹原さんは地元の山形に帰って職を探すことになった。家族持ちの石松さんは大手の宅配便業者に再就職した。

デックに在籍していたことが評価され、当日のうちに採用となった。ただ、面接時、担当部長はこう言った。

「加原井さん、デックではそれなりに給料もらってたと思うけど、ご存じのとおりこの業界がこうだから、前職の年収は保証できないけど、大丈夫だよね？」

デックを退職するころにはすでに残業がなくなっており、最盛期800万円近くあった年収は600万円ほどまで下がっていた。

覚悟しているとはいえ、実際にどのくらいのダウン幅かは気になる。不調だったプロ野球選手の契約更改みたいなものだ。

いざフタを開けてみると、S社での私の年収は額面420万円ほどだった。

S社では即戦力として扱われ、入社早々、督促業務をになうかたわら、積極的に窓口の貸付業務にも回された。

デックとの一番の違いは、回収においても貸付においても「法令遵守」が徹底されていることだった。2000年代に入ってから、アイフル*や武富士*が営業停止などの行政処分を受けており、消費者金融業への世間の目は厳しくなる一方

アイフル
2006年4月、金融庁が、執拗な取り立てが貸金業法に違反するとして、無人店舗を含むアイフル全店舗に対し業務停止命令を出す。アイフルは記者会見を開き、「早期の信頼回復に努める」として、CMの自粛、街頭でのポケットティッシュの配布を2カ月間自粛する方針を示した。

武富士
2008年5月、金融庁が、悪質な取り立て行為などが貸金業法違反にあたるとして、武富士に業務改善命令を発動。業務改善計画の提出を求める。武富士は「深く反省するとともに、関係者に多大な迷惑と心配をかけお詫びします」とするコメントを発表した。

だった。各業者は生き残りをかけて、コンプライアンスを徹底する時代に入ったのだ。

S社では事務所の至るところに「法令遵守！」と大書きされたポスターが貼ってあった。デックでも辞める数年前からこの種のことは言われるようになってはいたものの、社内の空気はゆるく、どちらかといえば社員それぞれのさじ加減にまかされていた。

だが、S社では、コンプライアンス担当の社員が各支店を巡回していた。〝短身〟痩躯《そうく》の京口さんは50代後半で、「法令遵守」の腕章をつけ、各支店を見回っては、社員たちの督促業務や弁護士介入時の対応に問題がないかを事細かくチェックした。

入社して数日後のことだった。督促電話を終え、受話器を置くやいなや、京口さんが近寄ってきた。

「加原井さん、さっきの電話で、金策がどうのこうのって言ってなかった？」

督促の仕方がとくに厳しかったわけではない。金策の具体的な方法を指示することはもちろんNGだから、「金策、考えてくださいよ」くらいのことは言った。

むしろデックのときよりもかなり抑えめ、かつ口調も丁寧に行なったつもりだった。

「金策がうんぬんって、そんなこと言ってクレームでも来たら、どぉ〜すんの？　あんた責任取れんの？」

入社早々、京口さんに私の〝デック流督促〟が問題視されたのだ。

心の中では「これでダメだったら、なんにもできないよ」と思っていたが、そんなことを口に出せるはずもなく、「はい、すみません。ちょっと気合を入れすぎちゃいました。ハハハ」と笑ってごまかす。

そのあとも京口さんが支店に巡回*してくるたび、私は何度も注意を受けた。

「口調が強すぎる」「相手をやりこめてはダメ」といったものだ。

私がデックで学んできたやり方がS社ではむしろ足かせとなった。これなら、経験者として採用された意味がない気もするが、デック流が身についてしまった私は、なかなかその癖が抜けないのだった。

S社では社内書類の管理もシビアだった。お客の新規借入れ申込書は、身分証のコピーや、取得した信用情報などを順番どおりにファイリングして保管するこ

京口さんが支店に巡回
京口さんは社員の業務をチェックし、問題点を報告書にまとめて本社に提出するのが仕事だ。つまり報告事案が多く、報告書のボリュームが多いほど、京口さんの実績となる。だから京口さんは日々、自分の実績作りのためにわれわれの粗探しに躍起になる。業務は違えど、みな自らの存在価値を示そうと必死なのだ。

とになっていて、半年に1回、その保管ファイルに不備や記入漏れがないかの点検が入る。私は銀行に勤めたことはないが、この厳しさは銀行並みではないか。チェックするのはもちろん京口さんだ。*

「加原井さん、この書類、記入漏れあるよ。こっちもファイリングの順番が違うじゃない。ちゃんとマニュアル見てくれてんの？　こんなズサンな仕事じゃマズいでしょう。前の会社でどんな仕事のやり方してたの？」

体制が銀行並みなら給料も銀行員並みにしてくれればいいところが、そちらのほうは信用金庫以下。転職でキャリアや年収ばかりか、社会人としての尊厳までも大幅ダウン。それでも住宅ローンを返し、生活していくため、私はこの会社にしがみつく。

某月某日　様変わり：改正貸金業法完全施行

業界が衰退*していく中、追い討ちをかける出来事が起こる。

チェックするのはもちろん京口さん
京口さんの口癖は「どぉ～すんの？」だ。社員のところへ駆けつけては「どぉ～すんの？　責任取れんの？」と騒ぎ立てる。そんなとき、京口さんはイキイキしている。おそらくこの業界の従来の業務では日の目を見ることのなかった京口さんの才能が「法令遵守」時代に合致して、彼は居場所を見つけて輝き出したのだ。

業界が衰退
2003年、破産件数が

２０１０年６月18日の改正貸金業法の完全施行だ。過剰貸付による多重債務者の増加が社会問題となり、行政も対応を迫られたのだ。変わった点は４つだ。

１つ目は貸付金利である。それまで利息制限法における18％という上限金利に対して、消費者金融は出資法の上限金利（貸付金額により異なるが、50万円の貸付なら年利29・2％）で貸し付けていた。このあいだの乖離を「グレーゾーン」と呼ぶ。この「グレーゾーン金利」が完全に撤廃された。つまり、利息制限法における18％（貸付50万円の場合）しか適用できなくなった。

２つ目が、取り立て行為の規制だ。規制自体は年を追うごとに厳しく*なってはいたし、S社では相当厳しく規制されていた。それでも私の感覚では多少、威圧的な督促は行なわれていた。業者の立場から言えば、「そうしなければ払ってくれないのだから仕方ない」。だが、「人の私生活若《も》しくは業務の平穏を害するような言動をしてはならない」とされ、その具体例が法律で明記されるとともに罰則が引き上げられた。

３つ目が、契約時の団体信用生命保険加入の禁止である。以前は契約時、同時に生命保険にも加入してもらい、契約者が亡くなれば、保険会社からの保険金で

ピークとなり、消費者金融大手各社が融資残高の減少に転じる。ただ、アイフルだけは２００２年にチワワのくぅ～ちゃんを起用したテレビＣＭが大ヒット（２００４年には「くぅ～ちゃん帰宅編」がＣＭ好感度ランキングで１位を獲得している）して、大手の中で唯一、２００５年まで融資残高を増やしていた。そんなアイフルも２００６年の違法取り立てを理由とした業務停止命令などをきっかけに凋落していく。

年を追うごとに厳しく　１９８３年に貸金業規制法（当時の名称は「貸金業の規制等に関する法律」）が制定され、債務者に返済を督促する時間帯の制限や、威迫（脅したり圧力をかけたりする行為）の禁止などが定められた。

債務が返済される仕組みになっていた。第2章で述べた伊東さんのケースがそうだ。これが自殺を助長させると社会問題になり、禁止された。

4つ目が、総量規制＊だ。本人の年収の3分の1を超える貸付が禁止された。1〜4までどれも打撃になったが、なかでも4つ目の総量規制が、中小の消費者金融業者には大打撃＊となった。

本日来店の高橋さんは年収300万円、総量規制の貸付限度額は年収の3分の1だから貸付可能額は100万円だ。審査を開始すると、残念ながらすでに大手2社に各50万円ずつ総額100万円の借入れがある。

「お客さま、審査の結果、当社の規定により今回のご融資は難しいようで……」

定番の断り文句を告げると、

「へっ？　ウソ？　ちゃんと調べてよ。俺、2件しか借入れないんだよ」

さすがベテラン債務者だけあってよくわかっている。

たしかに法改正前なら、他社借入れ2件など、S社が揉み手で受け入れる〝優良顧客〟だ。ところが、今回の総量規制では、こんな〝優良顧客〟さえも貸付N

総量規制
法改正前も、審査時に本人の収入の確認は行なっていたものの、消費者金融業者はむしろ「他社借入れ額と借入れ件数」に重きを置いていた。なお、総量規制の対象となるのは貸金業者の貸付であり、銀行の住宅ローンや信販会社のクレジット枠は対象外となった。

消費者金融業者には大打撃
法律の改正により、単に利益が減るだけでなく、金利が変わることで契約書に印字される利率や、お客に交付する書面の修正も必須なため、社内のシステムを変更することも打撃となる。

Gとなってしまう。

消費者金融で金を借りようと思ったら、ふつうはまず有名どころに行く。S社のような中小業者に流れてくるのは、有名どころで借り終えたか、そこで断られた人たちだ。年収の3分の1だと、最初の大手業者で借入れ制限いっぱいとなる人も多く、われわれS社の出番はなくなる。私は、首をかしげながら帰っていく高橋さんの背中を忸怩《じくじ》たる思いで見送るしかない。

取り立ての仕方も大きく変わった。以前は気軽に行なっていた滞納者の勤務先への電話もすることはなくなった。

デック時代、気分転換の鼻歌まじりで向かった集金などもってのほかになった。まず本人の携帯電話にかけて、その後は督促状を郵送するだけ。それでも返済のない債務者には法的措置をとるという、きわめてドライな仕事になった。

お金を払わない債務者に、手練手管《てれんてくだ》で返済させることができなくなった。デックで磨き上げてきた能力はもう不要になったのだ。

そして、何より、消費者（債務者）に情報が行き渡り、彼らが賢くなったことがもっとも大きな影響を及ぼした。

「2カ月滞納してますよね。いいかげん、約束守ってくれませんか?」

これまでのように滞納者に連絡を入れると、

「あれれ~、そんな高圧的な態度で取り立てしていいの? もしかして脅してる? 金融庁に相談させてもらうよ」なんて逆に脅される*ことになる。

「財務局」「金融庁」「行政」という言葉を印籠《いんろう》のようにちらつかせる債務者たち。われわれは時代劇の悪代官のように、ははあ~とひれ伏すしかない。

S社では社内研修という名目で、相変わらず前時代的な督促電話を続ける社員たちが本社の会議室に集められ、本社支給の「督促マニュアル」の読み合わせ、および「正しい回収法」のDVDを定期的に見せられる。

正しい電話の受け答え、敬語の使い方から、店頭での接客法まで、その内容はほとんど新入社員のビジネスマナー講座。安スタジオで撮影された無味乾燥な内容のビデオを、われわれ中年のおっさんたちが黙って視聴する。免許更新センターの安全講習を思わせる光景だ。

2時間におよぶ研修の休憩時間、喫煙スペースで同僚の八重樫さんが愚痴る。

「バカバカしくってやってらんねーよ。貸し手と借り手の立場はもう逆転しち

逆に脅される
2カ月延滞のお客に電話をしたときのこと。「なんで連絡してくれないんですか。返済日を教えてよ」と言うと、待ってましたとばかりに声が大きくなる。「はあ? 『教えてよ』じゃなくて『教えてください』でしょ。延滞すれば、あんたら遅延利息も取って儲かるからいいじゃないの!」。とにかくなんにつけてもやりにくい時代になったのだ。

まったんだな」

八重樫さんは同い年ながら、S社では2年先輩にあたる。大手消費者金融会社をリストラされ、S社に転職してきており、私とは「同じ穴のムジナ」だ。口が悪くて仕事もちゃらんぽらんだが、意外に心根の優しい人で、親しくしていた。

「窮屈な世の中だね。債務者を思う存分、罵倒できたころはよかったなあ～。あんな時代はもう二度と来ないんだろうなあ～」

八重樫さんがタバコをふかしながら昔をなつかしむ。債務者に対する基本的な姿勢が気づかぬうちに歪んでしまったベテランには、マナー講座も必要なのかもしれない。

こうして督促は、親切・丁寧・穏やかになっていく。

「若松さまでございましたでしょうか?」

手探りの敬語で督促スタート。

「デックの加原井と申しますが、今お電話のほうよろしかったでしょうか?　今月返済分のご入金が確認できませんもので、お電話差しあげました」

一方、債務者の中には、このバカ丁寧な督促に戸惑う人もいる。

「ん？　誰？　ホントにS社の人？　どうしたの？」

これまでさんざん罵倒されてきたであろう彼らは、業者の変貌ぶりを気味悪がっている。

某月某日　弁護士センセイ：味方ですか？ 商売ですか？

2010年の法改正施行では、金利のグレーゾーンが完全撤廃されただけでなく、業者側は過去にさかのぼり「出資法の上限」で貸していた分の金利については「利息制限法」で計算し直して、債務者が払いすぎた分を返金しなくてはならなくなった。

S社にも日々、弁護士から電話&FAX攻撃が繰り返される。

「あの～、債務者・矢野さまの取引履歴の開示はまだですか？　当事務所もお待たせしている方がたくさんいるんで、すみやかにお願いしたいんですが～」

こんなのはまだ常識的なほうだ。なかには高圧的な弁護士もいる。

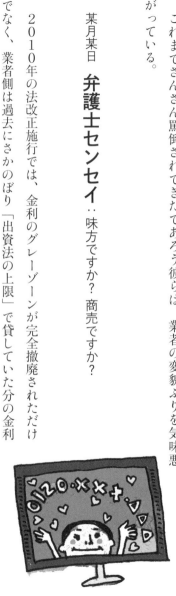

〈店員らに告ぐ！　先週依頼した過払い金の計算書を大至急提示せよ‼〉

殴り書きのＦＡＸが送られてくる。もはや消費者金融業者よりも弁護士のほうがコワモテなのだ。

たしかに多重債務者にとって弁護士は強力な助っ人だ。

借金で首が回らなくなった債務者が弁護士に依頼し、正式に受任されると「受任通知」が弁護士からわれわれ消費者金融業者宛に送られてくる。

すると、その時点でわれわれはいっさいの督促をストップ*しなければならない。つまり、債務者は返済しなくていい状態になり、その後の連絡はすべて弁護士を介して行なうことになる。

弁護士は債務者から債務整理の依頼を受ければ、とにかく受任する。なぜなら、弁護士は受任さえしてしまえば、金になるからだ。一般的な弁護士費用は大雑把に次のとおりだ。

①1時間1万円程度の相談料（初回は無料になるところも）

②借入れ先1社あたり2～5万円の着手金（これは最初に支払う費用で、結果にかかわらず返金されない）

いっさいの督促をストップ
弁護士介入となれば、支払い督促ができなくなる。督促の電話をすることも、督促状を書くことも、集金に行くこともなくなる。逃げ回る債務者を追いかける精神的・肉体的負担もない。われわれ社員にとっては、じつは圧倒的に楽になるのだ。会社の利益を考えれば、多少遅れながらも返済し続けてもらうほうがいいに決まっているが、われわれは所詮サラリーマン。会社全体の利益を追求するよりも、日々の業務が軽減してほくそ笑むこともある。

③借入れ先1社あたり2万円ほどの解決報酬
④過払い金の返還額の20～25％程度の過払い報酬

そして、弁護士も玉石混淆《こんこう》だ。

弁護士介入で債務整理したにもかかわらず、2カ月目の延滞に突入した債務者に困り、担当の弁護士事務所に連絡したときのこと。電話口の担当弁護士は明らかに苛立っていた。

「何？　こっちだって本人と連絡取れなくて困ってるんだよ！　私も忙しいんで、いちいちそんな対応していられないから、本人からそっちに電話させるから！」

これでは「弁護士介入」の意味がないではないか……。それからしばらくして、この弁護士からは「辞任通知」が届いた。この債務者の代理人を辞めるというわけだ。こんな中途半端なかたちで辞めてしまっても、前述の①と②だけは弁護士のフトコロに入る。消費者金融業者を金の亡者のごとく非難する弁護士たちだって商売なのだ。

いつのまにか、S社にも郵便局員が、弁護士介入の「受任通知」を輪ゴムで束にして配達してくるようになった。

「受任通知」が届けば、われわれは顧客画面を確認し、過去の取引履歴を契約時までさかのぼって逐一確認したうえで利息計算の引き直しを行ない、その結果を弁護士宛に送付*する。莫大な仕事量だ。

こうして利益にならない事務仕事ばかりが増え、私の業務もおのずとお客の過払い請求の対応や、弁護士介入債権の対応（債務整理）がメインになってくる。デック時代に好きだった「おまとめローン」の案内ももうない*。

事務作業のあいま、同僚の八重樫さんと昼食に出かける。食堂のテレビから、弁護士事務所のテレビCMが流れてくる。

〈払いすぎていませんか？　弁護士が無料であなたの過払い金を算定します〉

昼飯を頬張りながら私は八重樫さんに問う。

「今日も弁護士から、早くしろって催促の電話がありましたよ。弁護士って高圧的な人、多いですよね」

「弁護士といったってピンキリなんだよ。うちに電話してくるのなんて、『サラ金弁護士』っていう債務整理専門だからね。弁護士の中でもハンパもんなんだよ」

弁護士宛に送付　デックのときはその忙しさもあり、弁護士への対応も1週間後とか、催促が来てようやくといったルーズな感じだったが、ここでは京口さんの目もあり、そうはいかない。私も「弁護士対応は最優先で速やかに！」と再三注意を受けた。

「おまとめローン」の案内ももうない　時代的に「おまとめローン」が下火になったということとともに、S社自体が「おまとめローン」を重要視していなかった。

真偽のほどは不明ながら、業界30年のベテランの言葉にはそれなりに説得力がある。

「八重樫さん、うちも過払い金の処理が落ち着いたら持ち直しますかね?」

「無理、無理。この業界に未来はないって。オワコンってやつだ。銀行でやらかして消費者金融に来るやつはたまにいるけど、逆ルートはないし、お互い、早いところこの業界から足洗って、再就職先探したほうがいいよ」

某月某日 **返済能力**:消費者金融業界を去る

２０１０年代の半ば*、私はS社を退職した。

２０１０年の改正貸金業法の完全施行以降は、つねに辞めることを考えていたし、いつ辞めてもいいと思っていた。ただ、20年近くをこの業界で生きてきた私にとって、違う職種への転職活動は自分そのものの価値を問われるような気がして尻込みするところもあった。

２０１０年代の半ば ２０１４年、超低金利の

いつかいつかと思いながら、先送りにしてきた「退職」という決断をくだしたのにはいくつかの理由がある。

まず、わずかに出ていたボーナスがカットされるという知らせがあったことだ。業績の悪化を理由に入社時の４２０万円から給料はまったく上がらなかった。それにくわえて、ボーナスもカットとなれば、生活はさらに苦しくなる。

２つ目の理由は、親しくしていた八重樫さんが退職したことだ。半年前にＳ社を辞めた八重樫さんは施設警備の仕事に就いた。正社員として雇用され、給料はＳ社時代よりも少しだけ増えたという。

３つ目は50歳を迎えたことだった。新しい人生に踏み出すならよいタイミングだと考えた。この機会を逃せば、いつまでもずるずると業界にとどまり続けるような気がした。

こうして私は50歳のとき、Ｓ社を退職し、20年間にわたって在籍した消費者金融業界を去ることになった。

金融機関は、その人の収入に応じたお金を貸す。「返済能力を見る」というやつだ。デック時代、私のカードのキャッシング利用限度額は50～２００万円に設

日本国内では収益の確保が困難としてシティバンクがリテールバンク（個人向け業務）事業を三井住友フィナンシャルグループに売却。事実上、日本から徹底することになる。

定されていた。それだけ貸しても大丈夫と判断される属性だったのだ。

そして、この当時の私にはネット銀行から200万円、地方銀行から100万円、信販系のカード会社2社から各50万円、合計400万円の借入れ*があった。さらに35年の住宅ローンの返済が月に8万円、ボーナス払いが年2回で30万円ずつ……。

今、振り返れば、恐ろしく無計画なローンである。35年間同じ会社で働き続け、同じ月収とボーナスが確保できることを前提としている。35年のあいだに不測の事態が起これば、計画は破綻する。だが、ローン契約時の私はそんなことに気づくことができなかった。いや、何十年先の未来、そしてそのときの経済状況をしっかりと想定できる人がどれだけいるだろう。

S社を退職し、「返済能力」がなくなっても、支払いは発生し続ける。生活費にくわえて住宅ローン、さらに各種カードの支払いが容赦なくやってくる。残念なことに私はミニロトを当てる運も持ち合わせていない。

消費者金融業界に見切りをつけた私は「事務職」「正社員」に的を絞り、就職活動を開始した。選びさえしなければ、「正社員」などどこでもなれる。そん

合計400万円の借入れ
この借金だけで返済は月に8万円にのぼった。これに住宅ローンの返済8万円を加えトータル16万円を返さなければならなかった。

な考えが甘すぎたと気づくのに時間はかからなかった。

履歴書を送ってもなしのつぶてで、運よく面接にたどり着いても不採用が続いた。「消費者金融業に20年勤務」というキャリアは就活時なんの役にも立たないのだ。

数社から不採用通知を受け取った私は「事務職」という選択を外して、あちこちの求人募集に申し込んだ。20社ほどの募集に落ち、最後の頼みの綱として臨んだ警備会社の面接も落とされた。私には肉体労働しか残されていなかった。

知り合いが住宅の外構工事（住宅のブロックやフェンス、外回りの工事）のアルバイトを紹介してくれ、私は藁にもすがる思いで引き受けた。

朝7時、作業着で現場に行き、モルタルを練って「ネコ」と呼ばれる一輪車の手押し車で現場の中を行ったり来たりする。慣れない私は、満杯になったネコの重さでバランスを崩し、何度もモルタルをこぼす。真夏の日中は30℃を超えた暑さで、首に巻いたタオルもびしょ濡れになり、歩くたびに汗が地面にしたたり落ちる。1カ月もしないうちに私の顔は日焼けで真っ黒になった。

朝から夕方までクタクタになるまで仕事をして、作業着は泥だらけ、ボロ雑巾のような状態で家に帰っても、家には誰もいない。* 妻も生活費を稼ぐため、フルタイムでスーパーのパートを始めていた。

私の日給は8000円。ローンの返済のために、土日もなく、ひたすらアルバイトを続けた。

私の生活は完全に多重債務者のそれだった。四六時中、返済日が気になり、カレンダーを眺める時間が長くなる。返済日までに金をどうやりくりするか*で頭がいっぱいになる。もちろん解決策など思いつくはずもなく、考えは堂々めぐりを繰り返す。ほかのことを考える余裕などない。「借りて返す」を続ければ、終着点がどこかは知り尽くしているはずなのに、もう立ち止まることができない。立ち止まったときが、今の暮らしの終わりを意味するからだ。

某月某日 「もう無理だよね」：義母からの電話

日曜日、外構工事のアルバイト中のことだった。私の携帯に義母からの着信が

家には誰もいない このころには長女は就職し、長男も大学生になって家を出ていた。2人に金に追い回されてボロボロになる両親の姿を見せずに済んだだけ幸運だったといえるかもしれない。

金をどうやりくりするか 親族に頼み込んで融通してもらったこともあるし、短期バイトで日銭を稼いだこともある。とにかく金を返すためだけに生きているような生活だった。

あった。義母が私の携帯に直接連絡をしてくるのは珍しい。

「末路さん、あなたたちの生活はどうなってるの？」

私が何事かと驚いて「どうしましたか？」と聞き返すと、

「この数カ月、娘（妻）からお金を貸してほしいって毎月連絡があるのよ」

私は、妻が義母に援助を求めていることなど聞かされていなかった。妻もパートをしながら生活を支えてくれていたが、生活費にも行き詰まり、母に助けを求めたのだった。

そこまで妻を追い詰めていたことに自責の念を抱きながら、帰宅して妻に事情を確認する。妻は「もう無理だよね」とだけ答えた。

それまで金のことで口ゲンカになったことは何度もあるが、ここまで追い込まれると、もうケンカにすらならない。妻は、この一言で今まで張り詰めていた気持ちが弾けたようにリビングの机に突っ伏して号泣した。

もうどうしようもない。今まで仕事で債務者を追い詰めてきた私が、ついに追い込まれ、身動きがとれなくなった。

私は債務整理をすることを決断した。

債務整理をするにあたり、ひとつだけ妻と約束をした。家は絶対に手離さないで守っていく。われわれ夫婦は、家族の砦である家だけは失いたくなかったのだ。

幸いにも消費者金融時代の経験から、私は債務整理には精通していた。債務整理にはおもに次の4つの方法がある。

（1）任意整理。弁護士や司法書士などの専門家に債権者との交渉を頼み、債務額を確定させ、合意のうえで支払い可能な金額を毎月支払っていく（高い利息を取られていた場合、支払い金額が減ることや、お金を取り戻せることも）。

（2）破産。裁判所による手続きを経て、いっさいの債務を免除してもらう。

（3）個人再生。裁判所による手続きを経て、一部の債務を免除してもらい、3〜5年かけて一定額を分割して返済する。

（4）特定調停。* 裁判所による手続きを経て、債務額を確定させ、支払い可能な額を分割して返済する（この方法のみ、弁護士を使わずに済むため、専門家に費用を支払う余裕のない人向け）。

特定調停
個人で簡易裁判所に申し立てを行ない、調停員が債権者とのあいだに入って和解を進めてくれる制度。特定調停にかかるのは印紙代と切手代くらいなので、弁護士に依頼するのにくらべれば、費用は抑えられる。その一方、

「破産」にくらべて、分割でも支払いを続けていく「個人再生」や「任意整理」のほうがマシというイメージを持っている人がいるかもしれないが、信用情報としてはすべて「金融事故*」だ。ただし、「破産」となれば、住宅も処分しなくてはならない。「破産」だけは避けたかった私は「個人再生」を選択した。

ネット検索で「個人再生」を引き受けている弁護士を探し、メールで依頼した。隣県に事務所を構える弁護士は最初の面談に駅前のスターバックスを指定した。

「あ〜、加原井さん、私はもう中にいますよ。入口の席にいますから」

携帯電話を耳に当てた小太りの男性が、ニコニコと満面の笑みでこちらを見て手を振っている。年齢はたぶん私とそう変わらないだろう。ただこの人は金の苦労はしていないだろうな。誰と会ってもそんな見方をしてしまうようになった。

席に着くなり弁護士はノートパソコンを広げて言う。

「では、さっそく今の状況を整理しますね〜。加原井さんは現在の借入れが4社ありまして、××銀行が200万、△△銀行に100万、あとジャックスカードとオリコカードに各50万。オリコは取引年数が長いんで、うまくいけば過払いになる*かもしれません。よかったですね〜！」

何から何まで自分で動かなくてはならないので時間も手間もかかる。

金融事故
残債を分割して支払いを続ける「任意整理」は裁判所を介することなく弁護士を通すだけなので官報に載らない。対して「個人再生」や「破産」は官報に掲載される。ちなみに「破産」の場合、警備員や生命保険募集員、弁護士などの士業と呼ばれる職業につくことができないといった制限を受けるのに対して、「個人再生」にはそういった制限はない。

うまくいけば過払いになる
実際にオリコカードの50万円は過払い金と相殺となり、20万円ほどの返還があった。そしてこれは丸々、弁護士費用に消えた。

弁護士は愉快そうに大声でそう言い、静まり返ったスターバックスの店内に私の借金額が響きわたる。この弁護士、「個人情報保護」の概念がエベレストの酸素のように希薄らしい。

私が他人の目を気にしてチラチラ見るからか、周囲のお客もわれわれを見てヒソヒソと話している。いや、もちろんわれわれのことじゃないのかもしれないが、そんな意識が芽生えると、もうそうとしか思えない。私は終始、顔を真っ赤にしてうつむき心ここにあらず、弁護士の話など耳に入らない。デックやS社のカウンターで縮こまってうつむいていた債務者の気分を追体験するのだった。

某月某日 個人再生：それでも生きていく

「個人再生」は「破産」と同様に裁判所への申し立てが必要なため、用意する書類が多い。現在の通帳の残高のコピー、加入している生命保険証書、所有してい

3カ月間分の記録
わが家には家計簿をつける習慣などない。じつは、

る自動車、過去に所有した不動産（売却して残ったお金がないかどうか）から、現在の家計の状況3カ月間分の記録*（光熱費などの領収書なども添付）まで。つまり、私がスッカラカンの一文無しになっている状況を証明しなくてはならない。

ただ、「債務整理」では、弁護士が受任した時点ですべての債務の督促がいったんストップする。これは精神的におおいに助かった。

2010年の法改正施行を受けて、高圧的な取り立てはなかったが、それでも毎月訪れる返済日のストレスに精神が蝕《むしば》まれていた。返済日が近づいてくると焦りや不安がつのり、眠れなくなる。これまでの仕事で追い込んできた債務者たちから復讐をされているような歳月だった。

書類の準備が済むと、裁判所への申し立て手続きとなる。債権者（私の場合、銀行や信販会社）とのやりとりを経て、「再生計画」が作成される。つまり、いくらをどのくらいの期間かけて返済していくかを決めるのだ。

私の返済計画*は「毎月3万円の支払いを3年間で完済」と定められた。これにくわえて「家を守る」ため、住宅ローンの支払いが毎月8万円と、8月と1月にボーナス払い各30万円ずつだ。夫婦で必死に働けば払えない額ではない。そう考

こんな事態になるずいぶん前、私は妻に「家計簿とかつけないの?」と聞いたことがある。「毎月、家計は赤字ギリギリでしょ。そんなのを明確な数字にしたら気が狂っちゃうわよ」。たしかにそうだと納得した。そんなこともあり、この作業は困難を極めた。

私の返済計画
「個人再生」を行なうと当然クレジットカードが持てなくなる。これは想定の範囲内ではあったが、想定していなかったのは高速道路で使用するETCカードが利用できなくなることだった。それまでETCレーンで高速道路に入っていたのが、いったん停車してチケットをもぎって入る。そんなとき、レーン前に連なるクルマを見ながら、「あの人もインプレッサなんか乗ってるけど、債

えていた。

　こうして生活再建を目指して新しい暮らしが始まってすぐ不測の事態が起こる。妻の入院だ。

　先の見えない生活の中、パートで生活を支えてくれていた妻は突然、精神的なパニックを起こし、病院に緊急入院することになる。

　生活の困窮から保険など真っ先に解約してしまっており、妻の入院費用の支払いがそのままのしかかってくる。当然ながら、もうどこからも借りることはできない。月8万円の住宅ローンの返済は早々に行き詰まった。ふつうに暮らしていくことがこんなにも難しいのか。私はそのことを痛感した。

　そして、もうひとつ気づいたこと*がある。それまで「私が妻を養っている。私がいなければ、妻は何もできない」と思い込んでいたが、それは大間違いだった。

　妻が家からいなくなって以降、私には気力が湧いてこないのだ。一緒に暮らしているときは些細なことで口論して、ギスギスした時間をすごすこともあったのに、いざ妻がいなくなると途端に生活が無味乾燥なものになった。妻がいなけれ

務整理をしたんだろうか」などと想像を膨らませるのであった。

気づいたこと
個人再生をしてみて、ひとつの落とし穴に気づいた。「債務整理」で金融事故扱いになると、明確な基準は明らかになってはいないものの5～8年はクレジットカードが持

ば、何もできないのは私のほうだった。皮肉にも、苦難というものが、そんな気づきを与えてくれることもある。

アルバイトが終わると、私は病院に通った。

今でも強烈に記憶に残っている出来事がある。薬の副作用なのか、背中を丸めたおかしな歩き方で表情を失った妻が面会室に入ってくる。彼女がもう二度と元の姿に戻らないような気がして、私は妻の前で絶望の涙を流した。味わったことのない人生最大の絶望だった。

すべてを失うことの恐怖と焦り、目が回るほどの忙しさで私の頭はパンクしそうになった。

そんなとき、アルバイトで世話になっている外構工事の親方に飲みに誘われた。このときは仕事場と家、病院の往復だけでもう飲みに行く気力も残っていなかったが、「おごってやるから」という親方の気安い誘いに乗った。

70歳を超えても現役の親方は「ここが俺の行きつけなんだ」と照れ臭そうに、駅前のチェーン居酒屋に案内してくれた。

てず、金融機関からの借入れもできない。この「ペナルティー期間」は、「債務整理」が終わった時点からスタートする。つまり「個人再生」をした私の場合、3年間の返済が終わってからの計算となる。かたや「破産」の場合、裁判所で破産宣告が認められれば、その後の支払いはなくなり、「債務整理」が終わったと判断される。まったく返済をしない「破産」より、少しは返済する「個人再生」のほうが「ペナルティー期間」が長いことになるのだ。

話すつもりなどなかったのに、いつのまにか私は自分の状況を親方に話した。酒が入っていたせいもあり、私は話しながら泣いていた。赤の他人にこんな話をして、こんな姿をさらすのは恥ずかしかったが、聞いてもらえるだけで嬉しかったのだ。

しばらく黙って話を聞いていた親方が言った。

「とにかくひとつずつ片付けていけ。たいへんなのはわかる。じつは俺も40代のときに自己破産して家を失った。一家心中したほうが楽だと思った。でも、そうじゃない。良いことも悪いことも永遠には続かない。今の状況が5年先も10年先も続いていることは絶対にない。俺はビンボーだが、今じゃ孫に囲まれてあのころが懐かしくさえ思える。とにかくいっぺんに解決しようと思うな。ひとつずつ片付けていけば、必ず未来が見える」

家や財産を失ったとき、人は尊厳や自信も同時に失う。自分がやってきたことが無意味に思え、自分が築いてきたものに価値がなかった気がする。だから、死んでしまったほうが楽*だと思ってしまうのだ。そんなとき、私の心に届いたのは、自己破産を経験した親方の言葉だった。

死んでしまったほうが楽
生活が成り立たなくなるほどの借金に苦しんでいても、やり直す手段はいくらでもある。私が声を大にして言いたいのは、借金で命を絶つことほど馬鹿げた話はないということだ。

あとがき――足るを知ること

「余計なものは何もいらない、夫婦2人でふつうに生活できるだけでいい」

どん底を経験すると、人間はそんなふうに思えるものなのかもしれない。

結局、私はあれほどこだわった住宅も手離すことになった。「個人再生」での返済と並行して、自宅を売却し、家賃5万円のアパートに移り住んだ。*家を手離せば、生活は確実に楽になることを自覚していたし、家を失ったところで死ぬわけじゃないと割り切れた。

妻は数カ月の入院を経て退院し、しばらく家で静養しているうちに体調も元に戻った。

そして、2022年、当初の計画どおり、ついに私は3年かけて債務を完済することができた。

親方から話があったのは、ちょうどそんなころだった。

アパートに移り住んだ

債務整理をした私にはアパートを借りるハードルも高かった。最近の賃貸物件の家賃保証会社は信販系のところが多い。保証会社が信販系の場合、「金融事故」を起こしていると審査に通らない。そのことを知っていた私はアパートを探す際にあらかじめ不動産業者にその事実を伝えていた。不動産会社による自社審査か、信用情報を取らない保証会社であれば、審査上も問題ないからだ。本音を言えば、この年齢になって不動産屋で「じつは信用情報に問題がありまして」などと相談するのはみじめではあったが、背に腹は代えられなかった。

「加原井はもともと現場の人間じゃないんだし、デスクワークは得意なんだろ？ 知り合いの足場屋が事務の人間を探してるんだけど、やってみないか？」

工事現場の足場を設置する会社での、現場の段取りやスケジュールの組み立て、作業員の振り分けなどの事務仕事で、私は正社員として雇用された。月収は20万円ほどだが、債務の返済も終わり、住宅ローンもなくなったわが家にとっては十分すぎる給料だ。

債務整理、妻の入院、自宅の売却を経験した私はこの歳になってようやく「足るを知ること」を学ばせてもらった。毎月の給料の中で生活する充実感、今日食べるものを今日必要な分だけ妻と買い物に行く幸せ。そんなものを噛みしめている。

2023年の夏、義母から実家に呼び出しがかかり、妻と2人で出かけた。迷惑をかけた義母には個人再生のことや住宅を手離したことも報告済みだったが、会うのは5年ぶりだった。

「生活は落ち着いた？　家まで売っちゃってアパート暮らしもいいけど、子どもたちが可哀想だよね。ここに少ないけど700万円入ってるから、これで中古住宅でも買いなさい」

そう言うと義母は貯金通帳を私たちに差し出す。

「これはあんたらのためじゃないからね。娘と息子*が帰ってくる実家もないんじゃ可哀想だから。ただ、あげるんじゃないわよ。2万でも3万でも毎月返せる金額を夫婦で相談して決めなさい。まあ、毎月3万返してもらったって、10年で360万でしょ。私、絶対生きてらんないわね」

冗談にも嫌味にも取れることを言って笑った。

義母のありがたい申し出を受け、私たちは築30年の中古住宅を購入した。

2024年5月末に転居する予定だ。

35年ローンで手に入れた新築住宅よりも、今回購入した中古のボロ家のほうが何十倍も感激が大きい。〝新居〟への引っ越しが今から楽しみでならない。

2024年5月

加原井末路

娘と息子
住宅を手離した際、娘と息子は私たちを責めなかった。娘は「実家なんてどうでもいいよ」と言った。親が思っているほど、子どもは実家に執着していないのだと思っていた。ところが今回、中古住宅を購入することを決めたとき、もっとも喜んだのは娘と息子だった。「古くたって全然いいよ。どんな間取り？和室はある？」。子どもたちは親を傷つけまいと「実家などどうでもいい」と言ってくれていたのだ。家族がつどえる場所ができたことが何より嬉しい。

加原井末路◉かばらい・すえみち
1965年、埼玉県生まれ。1990年代半ばに、中堅の消費者金融会社「デック」に入社。以来、債務の督促・取り立てや貸付、「おまとめローン」の営業など、20年間にわたり債務者との前線で四苦八苦する。一方、サラリーマン時代に組んだ35年の住宅ローンの結末も本書につづる。

消費者金融ずるずる日記

二〇二四年　六月二四日　初版発行
二〇二四年　七月　五日　三刷発行

著　者　加原井末路
発行者　中野長武
発行所　株式会社三五館《さんごかん》シンシャ
〒101-0052
東京都千代田区神田小川町2-8　進盛ビル5F
電話　03-6674-8710
http://www.sangokan.com/

発　売　フォレスト出版株式会社
〒162-0824
東京都新宿区揚場町2-18　白宝ビル7F
電話　03-5229-5750
https://www.forestpub.co.jp/

印刷・製本　中央精版印刷株式会社

ISBN978-4-86680-937-3

「職業」と「人生」を読む！ ドキュメント日記シリーズ

障害者支援員もやもや日記 4刷
障害者支援員 松本孝夫 著

保育士よちよち日記 2刷
保育士 大原綾希子 著

バスドライバーのろのろ日記 4刷
バスドライバー 須畑寅夫 著

コンビニオーナーぎりぎり日記 4刷
コンビニオーナー 仁科充乃 著

大学教授こそこそ日記 4刷
KG大学教授 多井学 著

電通マンぼろぼろ日記 6刷
電通マン 福永耕太郎 著

6点とも 定価:1430円(税込)

出版翻訳家なんてなるんじゃなかった日記 3刷
出版翻訳家 宮崎伸治 著
定価:1540円(税込)

交通誘導員ヨレヨレ漫画日記
柏耕一 原作 植本勇 漫画 堀田孝之 脚本

1件40円、本日250件、10年勤めてクビになりました
古泉智浩 漫画 川島徹 原作

マンガでわかるマンション管理員
南野苑生 原作 河村誠 漫画 堀田孝之 脚本

定価:1320円(税込)

全国の書店、ネット書店にて大好評発売中
(書店にない場合はブックサービス☎0120-29-9625まで)